Kinkels Rechtsfälle mit Lösungen

Band 1

Arbeitsrecht

1936
München, Berlin, Leipzig
J. Schweitzer Verlag (Arthur Sellier)

Kinkels Rechtsfälle mit Lösungen

Band 1

Arbeitsrecht

nebst Muster einer Dreiwochenarbeit

bearbeitet

von

Dr. iur. utr. W. E. Kinkel

1936

München, Berlin, Leipzig

J. Schweitzer Verlag (Arthur Sellier)

Verzeichnis des benutzten Schrifttums.

Dersch, Das Gesetz zur Ordnung der nationalen Arbeit (Kommentar), 1934

Hueck-Nipperdey, Lehrbuch des Arbeitsrechts I u. II, 1931/32

Hueck-Nipperdey-Dietz, Gesetz zur Ordnung der nationalen Arbeit (Kommentar), 1934

Kaskel-Dersch, Kaskel, Arbeitsrecht, 4. Aufl., bearbeitet von Dersch, Berlin 1934

Mansfeld, Deutsches Arbeitsrecht. Herausgegeben von W. Mansfeld, Mannheim

Mansfeld-Pohl-Steinmann-Krause, Die Ordnung der nationalen Arbeit (Kommentar), 1934

Molitor, Die Neuordnung des Kündigungsschutzes in „Arbeitsdienst und Volkstum", 1934

Münz, Das Gesetz zur Ordnung der nationalen Arbeit, 1934

Nikisch, Das Gesetz zur Ordnung der nationalen Arbeit, 1934

Potthoff, Das Deutsche Arbeitsrecht, 1935

Stoll, Deutsches Arbeitsrecht, 1934.

An Zeitschriften wurden benutzt:

Zeitschrift der Akademie für Deutsches Recht

Deutsches Recht, Organ des BNSDJ.

Deutsche Juristenzeitung

Juristische Wochenschrift

Arbeitsrechtsprechung, Blätter für Arbeits-, Wirtschafts- und Steuerrecht. Herausgeber Dr. R. Goerrig, Berlin.

Verzeichnis der Abkürzungen.

AOG.	= Gesetz zur Ordnung der nationalen Arbeit
ArbG.	= Arbeitsgericht
ArbGG.	= Arbeitsgerichtsgesetz
ArbRSamml.	= Arbeitsrechtsammlung. Entsch. d. RArbG., der LArbG. usw. Herausg. von Dersch, Hueck, Mansfeld, Nipperdey, Peppler, Volkmar
ArbRspr.	= Arbeitsgerichtliche Rechtsprechung
BenshS.	= Entscheidungen des RArbG. u. d. LArbG. Herausg. v. Dersch, Flatow, Gerstel, Hueck, Nipperdey u. Volkmar
DAF.	= Deutsche Arbeitsfront
Dersch, Komm.	= Dersch, Das Gesetz zur Ordnung der nationalen Arbeit (Kommentar), 1934
DJZ.	= Deutsche Juristen-Zeitung
DRAnz.	= Deutscher Reichsanzeiger
Hueck-Nipperdey	= Lehrbuch des Arbeitsrecht, 3.—5. Aufl.
Hueck, Komm.	= Gesetz zur Ordnung der nationalen Arbeit (Kommentar) v. Hueck-Nipperdey-Dietz, 1934
JW.	= Juristische Wochenschrift
LArbG.	= Landesarbeitsgericht
Lö.	= Lösung
Mansfeld, Komm.	= Die Ordnung der nationalen Arbeit (Kommentar) v. Mansfeld, Pohl, Steinmann, Krause, 1934
Nikisch	= Das Gesetz zur Ordnung der nationalen Arbeit, 1934
Potthoff	= Das Deutsche Arbeitsrecht, 1935
RArbG.	= Reichsarbeitsgericht
RArbBl.	= Reichsarbeitsblatt
RArbMin.	= Reichsarbeitsminister
RGRKomm.	= Reichsgerichtskommentar
RGBl.	= Reichsgesetzblatt
RGZ.	= Rechtsprechung d. Reichsgerichts in Zivilsachen
RWiMin.	= Reichswirtschaftsminister
ROHG.	= Reichsoberhandelsgericht.

Inhaltsübersicht.

Aufgaben ohne Lösungen:

Die Aufgaben:

1. Fall.

Die fristlose Entlassung.

Der zweiundzwanzigjährige A war seit Juni 1933 bei dem Unternehmer B beschäftigt, und zwar zunächst als Lehrling und ab 1. April 1934 als Geselle. A gehörte der SA. an und bekleidete dort den Rang eines Oberscharführers. Die übrigen Gefolgschaftskameraden waren früher freigewerkschaftlich organisiert und haben noch nicht zur positiven Einstellung gegenüber dem neuen Staat gelangen können. Im Juli 1935 wurde A als Betriebszellenobmann eingesetzt. In der Gefolgschaft regte man sich darüber auf, daß ausgerechnet der Jüngste zum Obmann bestellt worden sei. Aus diesem Grunde gab es Auseinandersetzungen mit A. Gelegentlich einer solchen erwähnte A, daß er auch den Betriebsführer B selbst wegen ablehnender Einstellung zu seiner Ernennung zur Rede gestellt habe und daß dieser „ganz klein" gewesen sei. Als B, der sich im übrigen selbst als politisch neutral bezeichnete, ihn wegen dieser unwahren Bemerkungen in Gegenwart der übrigen Gefolgschaftsmitglieder zur Verantwortung zog und ihm Vorwürfe machte, drohte A für den Fall, daß nochmals Äußerungen gegen ihn fielen, mit „geheimer Staatspolizei" und „Hochgehenlassen" des Betriebes. Wegen dieser Drohung wurde A am nächsten Tage fristlos entlassen. Er hält sowohl die fristlose als auch die ordentliche Kündigung für nicht gerechtfertigt und verlangt nun:

a) Zahlung des Lohnes für die nichteingehaltene Kündigungsfrist mit *RM* 55.— und
b) Widerruf der Kündigung sowie Auferlegung einer Entschädigung für den Fall der Ablehnung des Widerrufs.

Wie ist über diese Ansprüche zu entscheiden?

2. Fall.

Fristlose Entlassung bei mangelnder Einstellungsgenehmigung.

Die 23 Jahre alte A wurde am 15. Februar 1935 vom Unternehmer B als Kontoristin angestellt. Die Zustimmung des Arbeitsamtes, die nach der Anordnung über die Verteilung von Arbeitskräften vom 28. August 1934 bei der Einstellung von Personen unter 25 Jahren hätte eingeholt werden müssen, war nicht nachgesucht worden, da beiden Teilen die gesetzlichen Bestimmungen unbekannt waren. Auf Veranlassung des Arbeitsamtes, das die von B nachträglich beantragte Genehmigung ablehnte, hat B die A am 30. März fristlos entlassen.

Die A ist der Ansicht, daß trotz Fehlens der Zustimmung des Arbeitsamtes ein rechtswirksamer Arbeitsvertrag zwischen ihr und B zustandegekommen sei, so daß sie Anspruch auf Zahlung des Aprilgehaltes habe. Sollte der Vertrag aber nichtig sein, so sei B zur Zahlung eines dem Aprilgehalt entsprechenden Betrages unter dem Gesichtspunkt des Schadensersatzes verpflichtet.

Wie wird der Richter über die Klage entscheiden?

3. Fall.

Die Verwirkung des Rechts zur fristlosen Entlassung.

A, der seit zwei Jahren im Betrieb des B als Kassierer tätig war, unterschlug am 3. November 1935 einen Betrag von 150 *RM*. Trotzdem diese Verfehlung von dem Geschäftsinhaber bereits am 5. November entdeckt wurde, kündigt er dem A wegen dieses Vorkommnisses erst am 24. November, und zwar fristlos. A will sich die fristlose Entlassung nun nicht mehr gefallen lassen und verlangt Einhaltung der gesetzlichen Kündigungsfrist.

I. Lag ein Grund zur fristlosen Entlassung vor?

II. Konnte die fristlose Entlassung jetzt noch ausgesprochen werden?

4. Fall.

Kündigung wegen Doppelverdienstes.

A war seit 27 Jahren im Betriebe des B beschäftigt. Nunmehr wurde ihm nach Maßgabe der vertraglich vereinbarten Kündigungsfrist mit dem Hinweis darauf gekündigt, daß er aus einem Haus nebst Laden genügend Einnahmen erziele, um davon leben zu können. B stützt seine Kündigung also auf den Gesichtspunkt der Bekämpfung des Doppelverdienertums; jedenfalls waren betriebliche Gründe für die Kündigung in keiner Weise ausschlaggebend.

A hat sich durch seine Tüchtigkeit während der langen Jahre seiner Tätigkeit in der Firma zu seiner heutigen angesehenen Stellung hinaufgearbeitet. Richtig ist, daß er ein Haus nebst Laden besitzt und daraus ein Jahreseinkommen von rund 1000 *RM* bezieht. Haus und Laden hat er sich zur Alterssicherung aus seinen Ersparnissen vor einigen Jahren gekauft; im Ladengeschäft ist seine Frau tätig.

Wie beurteilt sich die Wirksamkeit der Kündigung?

5. Fall

Kündigung der Ehefrau wegen Mannesverdienstes.

Der A, die seit einigen Jahren im Betriebe des B als Stenotypistin beschäftigt war, wurde mit Rücksicht darauf, daß ihr Mann, der vorher jahrelang arbeitslos gewesen war, wieder eine recht einträgliche Stellung gefunden hat, also unter dem Gesichtspunkt des Doppelverdienertums, gekündigt. Sie erhebt die Kündigungswiderrufsklage und gleichzeitig Eventualklage auf Feststellung der Nichtigkeit der Kündigung wegen Sittenwidrigkeit.

Wie ist der Sachverhalt materiellrechtlich und verfahrensrechtlich zu beurteilen?

6. Fall.

Kündigung eines Vertrauensmannes.

A ist Vertrauensmann im Betriebe des Unternehmers B. Da der Unternehmer mit der Arbeitsleistung des A nicht zufrieden ist, kündigt er ihm fristgerecht zum 1. Oktober 1935. A wehrt sich gegen seine Entlassung mit der Behauptung, ihm könne als Vertrauensratsmitglied überhaupt nicht wirksam gekündigt werden.

Wie ist die Rechtslage?

7. Fall.

Die Kündigung eines Vertrauensmannes vor Ablegung des feierlichen Gelöbnisses.

Bei den Ende März 1935 stattgefundenen Vertrauensratswahlen in den X-Werken war u. a. der Schlosser A zum Vertrauensmann gewählt worden. Da der Betriebsführer B befürchtete, daß A, der als energischer Nationalsozialist bekannt war, in seiner Eigenschaft als Mitglied des Vertrauensrates einen strammen nationalsozialistischen Kurs im Vertrauensrat und im Betriebe veranlassen würde, kündigte er dem A fristgerecht vom 1. auf den 15. April, also noch vor Ablegung des feierlichen Gelöbnisses als Mitglied des Vertrauensrates.

Wie beurteilt sich die Rechtslage, insbesondere: muß A die Kündigung gelten lassen?

8. Fall.

Bevorzugte Wiedereinstellung von Vertrauensmännern.

A war in der Möbelfabrik des B, die in der Regel rund 150 Arbeiter und Angestellte beschäftigt, als Maschinenarbeiter tätig und gehörte zuletzt dem Vertrauensrat an. Anfang Januar 1935 legte B die Betriebsabteilung, die der Anfertigung von Büromöbeln diente und bei der A beschäftigt war, wegen Auftragsmangels still. Dadurch wurden 60 Arbeiter, darunter der A, entbehrlich. B wollte daher den betreffenden Arbeitern kündigen und erstattete dem Treuhänder der Arbeit die in § 20 AOG. vorgeschriebene Anzeige und beantragte Abkürzung der Sperrfrist. Der Treuhänder genehmigte unter dem 12. Januar 1935 die Entlassung zum 15. Januar 1935 unter folgender Auflage:

bevorzugte Wiedereinstellung der bisherigen Vertrauensmänner, sobald ein Arbeitsplatz frei sei, den das betreffende Vertrauensratmitglied seiner beruflichen Eigenart nach auszufüllen in der Lage sei.

Da B bereits Ende Januar wieder mit der Neuherstellung von Büromöbeln begann, klagt A auf Wiedereinstellung zum 4. Februar 1935.

Hatte A einen klagbaren Anspruch gegen B?

9. Fall.

Die Stellung des Vertrauensrates bei Saisonbetrieben.

In der Zuckerfabrik des Unternehmers A, die während der Saison rund 80 Arbeiter beschäftigte, bestand ein Vertrauensrat gemäß § 5 AOG. Als die Saison vorüber war und bis auf 15 Arbeiter allen übrigen Beschäftigten ordnungsgemäß gekündigt worden war, machte A den Vertrauensrat darauf aufmerksam, daß seine Funktionen als Vertrauensrat erledigt seien und er auf seine Mitarbeit in betrieblichen Fragen für die nächste Zeit verzichte, zumal es bei der Betriebslage nicht ausgeschlossen sei, daß er gezwungen werde, den Betrieb vollständig stillzulegen. Demgegenüber vertritt der Vertrauensrat den Standpunkt, daß, trotz des Sinkens der Beschäftigtenzahl auf unter zwanzig, seine Funktion als Vertrauensrat noch bestehe.

Wer hat Recht?

10. Fall.

Die Kündigungswiderrufsklage.

A war in der Hausdruckerei des B als Arbeiter beschäftigt. Das Arbeitsverhältnis wurde ihm gekündigt, da die bisher der Hausdruckerei zugeteilten Aufträge im Rahmen der Arbeitsbeschaffung dem am Orte ansässigen Handwerk gegeben wurden, so daß der Betrieb der Druckerei erheblich eingeschränkt werden mußte. Aus diesem Grunde mußte einer von den drei in der Hausdruckerei beschäftigten Arbeitern zur Entlassung kommen. A ist der Ansicht, daß B einem anderen

Arbeiter hätte kündigen können und daß die ihm gegenüber ausgesprochene Kündigung eine unbillige Härte darstelle, da er seine alte Mutter zu unterstützen habe. Er verlangt deshalb Widerruf der Kündigung.

Wie wird über die Kündigungswiderrufsklage zu entscheiden sein?

11. Fall.

Kündigung und Widerrufsklage bei Nichtariern.

Der 47 jährige A, der Jude ist, war seit Juli 1924 in dem Konfektionsgeschäft X. & Co., dessen Inhaber ebenfalls Juden waren, als Verkäufer beschäftigt. Das Geschäft wurde im Juli 1934 von B käuflich erworben und weitergeführt; B ist Arier. Am 31. Oktober 1934 wurde dem A von B ohne Angabe von Gründen fristgerecht zum 31. März 1935 gekündigt. A hat gegen die Kündigung den Vertrauensrat angerufen und auf Widerruf der Kündigung geklagt, nachdem eine Rücknahme derselben nicht erzielt wurde.

A war Frontkämpfer und Kriegsgefangener und hat ein fünfjähriges Kind aus seiner Ehe mit einer Arierin.

Wie war über die Kündigungswiderrufsklage zu entscheiden?

12. Fall.

Kündigungsfrist bei stillschweigender Verlängerung des Arbeitsverhältnisses.

A war am 1. April 1935 von dem Unternehmer B gegen einen Wochenlohn von 28 *RM* zunächst bis zum 1. Oktober 1935 als Schleifer angestellt worden; es war vertraglich eine Kündigungsfrist von 14 Tagen vereinbart worden. Da die Firma am 1. Oktober 1935 noch gut mit Aufträgen versehen war, wurde das Arbeitsverhältnis über diesen Termin hinaus stillschweigend fortgesetzt, ohne daß hierüber eine neue Vereinbarung getroffen worden wäre. Am 30. Oktober 1935 wurde dem A vom Betriebsführer B eröffnet, daß ihm gekündigt sei und er vom nächsten Tag an nicht mehr zur Arbeit zu kommen brauche. A ist der Ansicht, daß ihm nur unter Einhaltung der vereinbarten Frist von 14 Tagen hätte gekündigt werden dürfen, da die neben dem Endtermin vereinbarte Kündigungsfrist von 14 Tagen gerade für die Zeit der stillschweigenden Fortsetzung des Arbeitsverhältnisses Geltung haben sollte. Er verlangt daher durch Klage beim Arbeitsgericht Zahlung des Lohnes für 14 Tage.

Wird seiner Klage stattgegeben werden?

13. Fall.

Dienst höherer Art und Kündigungsfrist.

Die A war bei dem Zahnarzt B gegen ein Monatsgehalt von 120 *RM* als zahnärztliche Helferin angestellt. Am 12. April 1936 hat B das Dienstverhältnis zum Monatsende gekündigt. Eine besondere Kündigungsfrist war nicht vereinbart worden. Die A begehrt Feststellung, daß die Kündigung erst Ende des nächsten Kalendervierteljahres wirksam sei, da sie Dienste höherer Art geleistet habe.

Ist ihre Klage begründet?

14. Fall.

Der Verzicht auf den Tariflohn.

Dem Arbeiter A wurde vom Unternehmer B während der Monate März, April und Mai 1936 ein untariflicher Lohn bezahlt. Dies war beiden Teilen bekannt. Der Tariflohnanspruch des A beruhte auf einem Tarifvertrag vom 15. Oktober 1932, der unbestritten Geltung besitzt. A und B vereinbaren, daß A auf die bisher fällig gewordenen tariflichen Lohnforderungen, soweit er sie nicht empfangen hat, verzichte.

I. Ist diese Vereinbarung gültig?

II. Wäre sie gültig, wenn sie getroffen worden wäre, nachdem A bereits aus dem Arbeitsverhältnis ausgeschieden war?

15. Fall.
Die untertarifliche Entlohnung und der Tarifverzicht.

A war in der Gastwirtschaft des B als Kellner beschäftigt; außerdem war dort ein weiterer Kellner (X) und ein Zapfer (Y) tätig. Es bestand eine Tarifordnung, wonach jeder Kellner von seinem persönlichen Umsatz den Bedienungszuschlag von 10% erhält; jedem Kellner ist ein monatliches Verdienst von 80 *RM* vom Gaststätteninhaber zu gewährleisten. Dem B war angeblich die tarifliche Bezahlung der drei Angestellten nicht möglich, weshalb er mit den beiden Kellnern und dem Zapfer eine Vereinbarung traf, nach der alle drei ihren vollen Verdienst in eine gemeinsame Kasse — Tronk —, in die auch B monatlich 30 *RM* zuschießen mußte, einzubringen hatten. Auf diese Weise wurde A während der Monate April bis Juni 1936 entlohnt. Die dabei auf ihn entfallenden Beträge überstiegen zwar durchwegs den tariflichen Mindestverdienst, blieben aber hinter der Summe der von ihm vereinnahmten und ihm nach der Tarifordnung voll gebührenden Bedienungszuschläge zurück.

A verlangt nunmehr von B Nachzahlung des Betrages, den er weniger als die Gesamtsumme der Bedienungszuschläge erhalten hat, da er auf die ihm tariflich zustehenden Bezüge weder im voraus noch nachträglich verzichten könne. B wendete gegen die Klage ein, A habe die Bedienungszuschläge voll erhalten und nur nachträglich einen Teil davon zugunsten der beiden anderen Arbeitnehmer abgegeben.

Wie ist die Rechtslage zu beurteilen?

16. Fall.
Die Ausgleichsquittung.

Der Unternehmer B ließ sich bei jeder Lohnzahlung und beim Ausscheiden aus der Betriebsgemeinschaft von seinen Arbeitern und Angestellten eine vorgedruckte Bescheinigung dahingehend unterschreiben, daß sie keinerlei Ansprüche mehr gegen ihn haben. Der Arbeiter A, der am 1. Oktober 1936 aus dem Betrieb nach ordnungsmäßiger Kündigung ausgeschieden ist, hat bei seinem Ausscheiden ebenfalls eine solche Erklärung unterschrieben. Nunmehr klagt er vor dem Arbeitsgericht gegen B auf Zahlung eines Urlaubsentgelts für eine Woche, da er über ein Jahr im Betriebe gearbeitet habe, ohne von seinem ihm nach der Tarifordnung zustehenden Urlaubsanspruch bisher Gebrauch gemacht zu haben. Der Unternehmer B ist der Meinung, daß A durch die Ausstellung der oben erwähnten Bescheinigungen auf alle ihm etwa noch gegen ihn zustehenden Ansprüche verzichtet habe.

Wie ist die Rechtslage?

17. Fall.

Der Tariflohnanspruch des im Geschäft der Frau tätigen Ehemannes.

Der Kaufmann A war im Jahre 1932 in Konkurs geraten. Darauf wurde das bis dahin von ihm betriebene Geschäft von seinem Schwiegervater weitergeführt. A blieb als Verkäufer im Geschäft tätig. Nach dem Tode ihres Vaters, im April 1934, wurde die Ehefrau des A Geschäftsinhaberin. Auch jetzt arbeitete A weiter als Verkäufer im Geschäft mit; die Leitung desselben hatte in jeder Weise seine geschäftlich gewandte Ehefrau. Er erhielt für seine Tätigkeit monatlich 125 *RM*; jedoch erhielt er nur einen geringen Teil in bar, während der Rest auf Wohnung, Verpflegung usw. verrechnet wurde. Der vereinbarte Lohn von 125 *RM* monatlich blieb erheblich hinter der Lohnbestimmung, die eine Tarifordnung für kaufmännische Angestellte vorsah, zurück.

Nach einer Ehezwistigkeit verlangt A von seiner Ehefrau die künftige Bezahlung des tariflichen Mindestlohnes und Nachzahlung der Differenz zwischen 125 *RM* und dem tariflichen Lohn für jeden Monat der Vergangenheit seit Inkrafttreten der betreffenden Tarifordnung. Frau A erklärt, daß sich der niedrige Lohnsatz daraus herleite, daß die Zahlung eines höheren Gehalts für das Geschäft nicht tragbar gewesen wäre, noch künftig tragbar sei; diese Angabe stellt sich als den Tatsachen entsprechend heraus.

Wird A mit seiner Klage durchdringen?

18. Fall.

Das Arbeitsverhältnis bei mangelndem Arbeitsvertrag. Die Wirkung des Lohnanspruchs.

A ist seit dem 1. Februar 1935 als Hilfsarbeiter bei dem Glaswarenfabrikanten B beschäftigt. Nach einer vom Treuhänder der Arbeit am 5. November 1934 erlassenen Tariforduung beträgt der für A in Frage kommende Stundenlohn 0.90 *RM*. Der Unternehmer zahlt aber dem A in den Monaten Februar bis August 1935 lediglich einen Stundenlohn von 0.60 *RM*, ohne daß A, dem im übrigen sein tariflicher Anspruch auf 0.90 *RM* bekannt gewesen ist, während der ganzen Zeit irgendeine Einwendung gegen die untarifliche Entlohnung geltend gemacht hätte. Ein Angestellter der DAF. macht ihn Anfang September 1935 darauf aufmerksam, daß er für die ganze Zeit vom Februar bis August 1935 für jede geleistete Arbeitsstunde 0.30 *RM* an Nachzahlung beanspruchen könne. Da B sich weigert dem Nachzahlungsersuchen zu entsprechen, verklagt ihn A dieserhalb vor dem Arbeitsgericht. B wendet gegen die Klage ein:

1. Da A, weil er wegen Geistesschwäche schon seit Dezember 1934 entmündigt worden sei, beschränkt geschäftsfähig sei, habe ein gültiger Arbeitsvertrag zwischen ihnen gar nicht zustande kommen können;
2. außerdem könne er gegen den Nachzahlungsanspruch des A wenigstens die Einrede der Arglist geltend machen, denn A habe gegen Treu und Glauben verstoßen, wenn er widerspruchslos während der verflossenen Monate den untertariflichen Lohn hingenommen hätte; dies sei auch die Ansicht des Reichsarbeitsgerichts.

Wie ist die Rechtslage?

19. Fall.

Die Überschreitung der tariflichen Arbeitszeit.

Trotzdem eine Tariforduung für bestimmte Zechenbetriebe eine Höchstarbeitszeit von sieben Tagesstunden vorsieht, vereinbart der Zecheninhaber B mit dem Arbeiter A, daß dieser täglich eine neunstündige Arbeitszeit einzuhalten habe. A arbeitet anfänglich auch neun Stunden täglich, teilt aber nach einer Unterredung mit dem Vertrauensrat dem Unternehmer mit, daß er in Zukunft nur mehr sieben Arbeitsstunden leisten werde, da er zu einem Mehr nach der Tariffordnung nicht verpflichtet sei. Der Unternehmer will daraufhin den A nicht mehr weiterbeschäftigen, da er meint, er habe mit A nur unter der Bedingung kontrahiert, daß dieser eine übertarifliche Arbeitszeit einhalte.

Ist B im Recht?

20. Fall.

Die Tarifkonkurrenz.

Der Treuhänder des Bezirkes A erläßt für seinen Bezirk eine Tarifordnung, die für Schlosser eine Lohnbestimmung über einen Stundenlohn von 1.20 *RM* trifft. Diese Tarifordnung gilt auch für einen kleinen Teil des Treuhänderbezirkes B. Einen Monat nach Inkrafttreten dieser Tarifordnung erläßt auch der Treuhänder des Bezirkes B eine Tarifordnung, die ebenfalls Stundenlohnbestimmungen für Schlosser enthält und u. a. den Stundenlohn für Schlosser auf 1 *RM* festsetzt. Es entstehen nunmehr Zweifel darüber, welche Tarifordnung für die Schlosser desjenigen Teiles des Bezirkes B, der vorher von der Tarifordnung des Treuhänderbezirkes A miterfaßt worden war, gültig ist.

Wie ist die Rechtslage?

21. Fall.

Der Anspruch auf den Tariflohn des Arbeitsplatzes.

A wurde von dem Bauunternehmer B, dessen Baugeschäft sich in X befand, als Maurerpolier für den Bau von Siedlungshäusern in Y auf die Dauer der dortigen Bauarbeiten angestellt. Während die Tarifordnung, die für X Gültigkeit besitzt, für Maurerpoliere einen Stundenlohn von 1.20 *RM* vorsieht, ist Y von dem Geltungsbereich einer anderen Tarifordnung umfaßt, die für obige Beschäftigungsklasse nur einen Stundenlohn von 0.90 *RM* vorsieht, welchen Lohn A auch erhielt. A meint aber, er habe Anspruch auf eine tarifliche Bezahlung von 1.20 *RM* pro Stunde, da für ihn die Tarifordnung, von deren Wirkung auch X umfaßt sei, Gültigkeit besitze.

Wird A mit einer Klage auf Zahlung und Nachzahlung einer höheren tariflichen Entlohnung Erfolg haben?

22. Fall.

Tarifordnung und Pflichtarbeitsverhältnis.

A wurde unverschuldet hilfsbedürftig. Er ersuchte den zuständigen Ortsfürsorgeverband der Stadt X um Fürsorgeunterstützung und bat gleichzeitig um Zuweisung einer Beschäftigung, die ihm auch gegeben wurde; er wurde als Arbeiter in einem der Stadt gehörigen Steinbruch beschäftigt. Seine Entlohnung wurde ihm entsprechend der Bezahlung der städtischen Angestellten am Schlusse eines jeden Monats gezahlt; auch wurden von der Stadt Sozialbeiträge für ihn abgeführt. Die Stadt verlangte von A die Einhaltung der achtstündigen Arbeitszeit. Weder bei seiner Einstellung noch später ist er darauf hingewiesen worden, daß es sich bei seiner Anstellung um eine Fürsorgemaßnahme handele. Nach fast zweijähriger Beschäftigung wurde ihm zum nächsten Tag gekündigt. A verlangt von der Stadt Einhaltung der für Steinbrucharbeiter bestehenden tariflichen Kündigungsfrist bzw. Zahlung des vollen Lohnes für die Zeit zwischen Kündigung und dem Ende der tariflichen Kündigungsfrist. Die Stadt weigert sich diesem Verlangen zu entsprechen mit dem Hinweis, es handle sich nicht um ein bürgerlich-rechtliches Dienstverhältnis, sondern um ein öffentlich-rechtliches Pflichtarbeitsverhältnis nach Maßgabe des § 19 FürsPfl.-VO.; auf solche Beschäftigungsverhältnisse erstrecke sich die Wirkung der Tarifordnung nicht.

Wird A mit seiner Klage Erfolg haben?

23. Fall.
Die Nachwirkung der Tarifordnung.

Im Betriebe des Unternehmers A, der 200 Arbeiter und Angestellte beschäftigt, bestand seit 1. Mai 1934 eine Betriebsordnung, die für eine bestimmte Beschäftigungsklasse einen Stundenlohn von 0.90 *RM* festsetzte und außerdem einen jährlichen Urlaub von einer Arbeitswoche vorsah. Am 1. September 1935 wurde mit sofortiger Wirkung vom Treuhänder der Arbeit eine Tarifordnung erlassen, die für die Arbeiter der betreffenden Beschäftigungsart einen Stundenlohn von 1.20 *RM* vorsah und außerdem (es handelte sich um gesundheitsschädliche Betriebe der chemischen Industrie) einen Jahresurlaub von zwei Arbeitswochen festsetzte. Diese Tarifordnung war bis zum 1. September 1936 befristet. Im September 1936 zahlte der Unternehmer A den betreffenden Arbeitern nurmehr einen Stundenlohn von 0.90 *RM*, wie er ursprünglich in der Betriebsordnung vorgesehen war und machte außerdem in einem öffentlichen Anschlag innerhalb des Werkes bekannt, daß in Zukunft der Urlaub wie früher eine Arbeitswoche betrage.

Wie ist die Rechtslage?

24. Fall.
Urlaubsentgelt bei Kurzarbeit.

A war seit 1. September 1935 im Betriebe des Unternehmers B als Hilfsarbeiter beschäftigt. Zum Zwecke der — behördlich zugelassenen — Arbeitsstreckung wurde kurz gearbeitet und zwar durchschnittlich 28 bis 32 Stunden in der Woche. Im September 1936 erhält A den ihm nach der Tarifordnung zustehenden Urlaub von sechs Arbeitstagen. Er verlangt für die Dauer dieses Urlaubs, daß ihm der Unternehmer B den Urlaub so bezahle, als ob im Betriebe voll gearbeitet würde; er verlangt also ein Urlaubsentgelt, wie es einer 48-Stundenwoche entspricht. B weigert sich diesem Verlangen zu entsprechen, mit dem Hinweis, daß er nur verpflichtet sein könne, die Urlaubsvergütung nach den

Stunden zu berechnen, in denen tatsächlich an den Urlaubstagen gearbeitet wird.

Was ist von dem Verlangen des A und von den Einwendungen des B zu halten?

25. Fall.

Die Tragung der Betriebsgefahr. Anspruch auf die vertraglich vereinbarte Arbeitsart.

Der Arbeiter A ist bei dem Unternehmer B beschäftigt; er war als Schreiner angestellt worden. Im Arbeitsvertrag ist eine einmonatige Kündigungsfrist vorgesehen. Der auf dem Werkhof stehende Holzschuppen, in dem A die Schreinerarbeiten verrichtete, brannte eines Tages infolge Blitzschlages ab, wobei sämtliche für den Betrieb der Schreinerwerkstätte notwendigen Maschinen und Gerätschaften vernichtet wurden. Der Unternehmer glaubt nun während einer Zeit von drei Wochen dem A keinen Lohn zahlen zu müssen, da dieser während dieser Zeit nicht arbeiten konnte, weil Maschinen für die Schreinerei nicht vorhanden waren.

I. Hat der Unternehmer Recht?

II. Könnte A, abgesehen von seiner Lohnforderung, verlangen, daß ihn B während der drei Wochen in seiner Eigenschaft als Schreiner beschäftigt?

26. Fall.

Ansteckung im Betriebe und Schadenersatz.

Im Betriebe des B war der kaufmännische Angestellte X beschäftigt, der schwer lungentuberkulös war. Diese Tatsache war dem Geschäftsinhaber B bekannt. Durch die tägliche Zusammenarbeit mit dem tuberkulösen X erkrankte die Stenotypistin Y ebenfalls an Lungentuberkulose; auch ihr war die schwere Krankheit des X bekannt gewesen, ohne daß sie aber eine Zusammenarbeit abgelehnt, noch sich beim Betriebsführer oder Vertrauensrat beschwert hätte. Die Y verlangt nunmehr von B Schadensersatz für die Kosten der Heilbehandlung, Ausfall an Arbeitsverdienst usw.

Der Unternehmer B wendet gegen ihre vor dem Arbeitsgericht erhobene Klage ein, er könne für solche Fälle schon deshalb nicht verantwortlich gemacht werden, weil der Y die Krankheit des X bekannt gewesen sei und weil es Sache der Angestellten sei, sich vor Ansteckung im Betriebe zu schützen.

Wird die Y mit ihrer Klage durchdringen?

27. Fall.

Geschäftsübertragung auf die Ehefrau bei Überschuldung des Ehemannes.

Der völlig verschuldete Kaufmann A, der ein Kurzwarengeschäft betrieb, übertrug dieses Geschäft, weil er nur darin die Möglichkeit des Weiterbetriebes sah, an seine Ehefrau und arbeitete als Geschäftsführer in „ihrem" Betriebe gegen Unterhalt und Taschengeld in Höhe von 15 *RM* monatlich.

Der Gläubiger X des A fragt an, welche gesetzlichen Möglichkeiten ihm zur Seite stünden, um seinen Anspruch gegen A zur Durchsetzung zu bringen.

Welche Auskunft kann ihm gegeben werden?

28. Fall.

Der Zeugnisanspruch.

Dem A, der als Schlosser in dem Fabrikationsbetrieb des B beschäftigt war, wurde fristgerecht zum 1. November 1935 gekündigt. Bei seinem Ausscheiden verlangt er von B die Ausstellung eines erweiterten Zeugnisses über Führung und Leistung. B stellte dem A lediglich, abgesehen von der Bescheinigung über Art und Dauer der Beschäftigung, ein Zeugnis über dessen Leistungen aus. A verlangt aber, daß B das Zeugnis auch auf seine Führung ausdehne. A weigert sich mit dem Hinweis, daß er über die Führung des A nur Ungünstiges aussagen könne.

Kann A trotzdem auf der Ausstellung eines Vollzeugnisses bestehen?

29. Fall.

Das vorläufige Zeugnis. Zeit zum Aufsuchen einer neuen Stellung.

Dem kaufmännischen Angestellten A, der seit zwei Jahren bei dem Unternehmer B beschäftigt war, wurde am 15. September 1935 ordnungsgemäß zum 1. Oktober gekündigt. A verlangt, als ihm die Kündigung zugestellt wurde, von B die Ausstellung eines Zeugnisses mit dem Hinweis, er benötige bereits jetzt ein solches, um sich um eine neue Stellung bewerben zu können. B verweigert die Ausstellung eines solchen mit dem Bemerken, er sei zur Ausstellung eines Zeugnisses erst nach Beendigung des Dienstverhältnisses verpflichtet.

I. Ist B im Recht?

II. Könnte A von B verlangen, daß ihm zum Aufsuchen einer neuen Stellung von B ein Nachmittag oder wenigstens einige Nachmittagsstunden freigegeben werden?

30. Fall.

Lohnanspruch, Urlaub und Gratifikation.

(Dreiwochenarbeit)

Die A war seit sechs Jahren im Warenhaus des B als Kassiererin beschäftigt. Es war ein Monatslohn von 100 *RM* vereinbart worden. Vom ersten Jahr an erhielt die A zu Weihnachten jeweils eine Gratifikation in Höhe eines Monatslohnes; außerdem wurde ihr seit ihrem dritten Dienstjahr ein jährlicher Urlaub von acht Arbeitstagen gewährt. Weder in bezug auf eine Gratifikation noch hinsichtlich eines Urlaubs waren bei der Anstellung irgendwelche Abreden getroffen worden. Am 27. November 1935 wurde die A fristlos entlassen, weil sie ihrem Dienstherrn 500 *RM* gestohlen hatte.

Die A klagt nunmehr vor dem Arbeitsgericht auf:

1. Zahlung des vollen Monatslohns für den Monat November in Höhe von 100 *RM*,

2. Gewährung einer Urlaubsvergütung in Höhe von 25 *RM*, da sie den Urlaub für das Jahr 1935 noch nicht erhalten habe, und
3. auf Gewährung der Weihnachtsgratifikation in Höhe von 100 *RM*, ebenfalls für das Jahr 1935.

Gegen die von der A geltend gemachten Ansprüche rechnet B für den Fall, daß die Ansprüche der A vom Richter für begründet erachtet werden sollten, mit seinem Schadensersatz wegen Diebstahls in Höhe von 500 *RM* und mit einem Anspruch in Höhe von 60 *RM* für eine Repdratur an der von der A bedienten Registrierkasse, die von ihr einige Tage vor ihrer Entlassung fahrlässig beschädigt worden war, auf.

I. Wie ist die Rechtslage, insbesondere auch: war die fristlose Entlassung ordnungsmäßig?

II. War das Arbeitsgericht zuständig und wie hat das Urteil zu lauten?

Ein Urteilsentwurf ist zu skizzieren.

Aufgaben ohne Lösungen:

31. Fall.

Krankheitsvergütung bei Kurzarbeit.

A ist Webermeister im Betriebe des B. Die Arbeitszeit in diesem Betriebe ist an sich gemäß der FaserstoffVO. vom 19. Juli und 6. September 1934 entsprechend herabgesetzt; es war dem B jedoch die Genehmigung zur Mehrarbeit erteilt worden. A war in einer Lohnwoche, in der er im B'schen Betriebe 47,5 Stunden gearbeitet worden ist, vier Tage krank. B hat ihm das ihm nach § 7 des Meistermanteltarifvertrages für die nordbayerische Textilindustrie für die Krankheitszeit zustehende „volle Gehalt" nach dem Satz der 36-Stundenwoche ausgezahlt. A fordert aber entsprechend der in der fraglichen Woche erhöhten Arbeitszeit noch weitere 10.30 *RM*.

Wer ist im Recht?

Lösungshinweis: JW. 1936, Heft 18, S. 1248.

32. Fall.

Mitarbeit der Ehefrau.

Im Privatbankbetrieb des A war dessen Ehefrau gegen ein monatliches Gehalt von 250 *RM* als Sekretärin und Buchhalterin angestellt.

I. *Darf A das Gehalt der Ehefrau als Betriebsausgabe vom steuerpflichtigen Gewerbeertrag kürzen?*

II. *Ist er für die Einkommensteuer zum Abzug dieses Gehaltes berechtigt?*

Lösungshinweis: Arbeitsrechtsprechung, Blätter für Arbeits-, Wirtschafts- und Steuerrecht. Berlin 1936, Heft 7, S. 107 f.

33. Fall.

Die Verpflichtung zur Zahlung der Weihnachtsgratifikation.

Der Angestellte A war seit mehreren Jahren in dem kaufmännischen Betrieb des B als Verkäufer tätig. Seit dem Jahre 1928 hat B seinen Angestellten und Arbeitern regelmäßig eine Weihnachtsgratifikation in Höhe eines Monatsgehalts gewährt, jedoch wiederholt darauf hingewiesen, daß er eine rechtliche Verpflichtung zur Zahlung der Gratifikation nicht anerkenne. Im Jahre 1933 bezahlte er lediglich noch eine Gratifikation in Höhe von 50% eines Monatsgehalts; im Jahre 1934 nur eine solche in Höhe von 30%. Gegen die Herabsetzung der Gratifikation war von seiten des A keine Einwendung erhoben worden. Nachdem ihm in Januar 1936 ordnungsgemäß gekündigt worden war, klagt er gegen B auf Nachzahlung der Gratifikationsbeträge für die Jahre 1933 und 1934 in Höhe von 50 bzw. 70% eines Monatsgehalts.

Wird der Richter der Klage stattgeben?

Lösungshinweis: JW. 1935, Heft 31, S. 2226 u. Lö. z. Fall 30.

34. Fall.

Betriebsunfall und Schadensersatz.

A war in dem Schneideratelier des B, das viel für auswärtige Kundschaft arbeitete, als Zuschneider angestellt. Am 19. Dezember 1933 mußte er mit dem B in einem kleinen von dem B gesteuerten Kraftwagen auf Kundschaft fahren, um Kleidung anzumessen. Es herrschte starkes Glatteis. Kurz nach der Abfahrt kam der Wagen auf abschüssiger Straße ins Schleudern, machte eine Kehrtwendung und gelangte dabei von der rechten auf die linke Straßenseite und schließlich in den Straßengraben. A sprang, während sich der Wagen gerade herumdrehte, heraus, wurde über den Graben hinweggeschleudert und schwer verletzt. Er verlangt nunmehr Ersatz des ihm durch den Unfall entstandenen Schadens.

Besteht seine Forderung zu Recht?

Lösungshinweis: JW. 1936, Heft 7, S. 475.

35. Fall.
Die Tragung der Betriebsgefahr.

A, der ein Kaffeehaus betreibt, hatte am 26. April 1934 mit dem X einen schriftlichen Vertrag geschlossen, wonach er X „mit seinem aus insgesamt drei Herren bestehenden Salon- und Tanzorchester" für den Monat Juni „bei einer täglichen Gage von 30 *RM*" zu täglichen Musikdarbietungen in den Gasträumen des Kaffeehauses verpflichtete. Der Vertrag wurde Ende Juni mündlich bis 15. September 1934 verlängert, wobei die Tagesvergütung auf 38 *RM* erhöht wurde. In dem Trauererlaß zum Ableben des Reichspräsidenten von Hindenburg vom 2. August 1934 (RGBl. I, 750) bestimmten der RMin. d. Inn. und der RMin. für Volksaufklärung und Propaganda unter IV:

„Bis zum Beisetzungstage einschließlich unterbleiben in Räumen mit Schenkbetrieb musikalische Darbietungen jeglicher Art."

Infolgedessen fielen im Betriebe des A an sechs Tagen die Darbietungen des X'schen Orchesters aus. A hat deshalb auch die Tagesvergütung für diese sechs Tage nicht gezahlt. Die Musiker verlangen nunmehr Nachzahlung.

Werden sie mit ihrer Klage Erfolg haben?

Lösungshinweis: JW. 1935, Heft 31, S. 2221.

36. Fall.
Die Aufwandsentschädigung.

A war in dem kaufmännischen Betrieb des B als Verkaufsleiter und Empfangschef gegen ein monatliches Gehalt von 600 *RM* angestellt; außerdem waren ihm vertraglich 250 *RM* monatliche Aufwandsentschädigung zugesichert worden. Diese Aufwandsentschädigung wurde ihm seit

1. Juli 1934, dem Tag seines Dienstantritts, regelmäßig mit dem Gehalt ausgezahlt. Im September 1935 weigert sich B die Aufwandsentschädigung für den Monat August zu bezahlen, da für A in diesem Monat überhaupt kein „Aufwand" entstanden sei.

Wird A mit einer Klage auf Zahlung der Aufwandsentschädigung Erfolg haben?

Lösungshinweis: JW. 1935, Heft 9, S. 729.

37. Fall.

Tagesspesen und Tariflohn.

Dem kaufmännischen Angestellten A stand ein tariflicher Lohnanspruch von 110 *RM* monatlich zu. Da er häufig auch für die Firma reiste, hat ihm diese ein festes Tagegeld von 2.50 *RM* pro Tag auswärtiger Tätigkeit ausgesetzt. Bei der Gehaltszahlung am 30. September 1935 will der Geschäftsinhaber B dem A alle diejenigen Tagesspesen des Monats August (während dieser Zeit war A im Außendienst der Firma tätig), die A nicht tatsächlich verbraucht habe, auf das dem A zustehende tarifliche Gehalt in Anrechnung bringen.

Läßt sich das Vorgehen des B rechtfertigen?

Lösungshinweis: Arbeitsrechtsprechung, Blätter für Arbeits-, Wirtschafts- und Steuerrecht. Berlin 1936, Heft 7, S. 105.

38. Fall.

Die Versorgungsansprüche der Witwe bei vertraglicher Zusicherung.

A war seit über 20 Jahren in dem Betriebe des B in leitender und verantwortungsvoller Stellung als kaufmännischer Angestellter tätig. Nach seinem im März 1927 erfolgten Ableben wurden seiner Witwe von B verbindlich das volle Gehalt für das Jahr 1927 und für die Jahre 1928, 1929 und 1930 75% des Gehalts des verstorbenen Ehemannes zugesagt. Für die Zeit nach 1930, äußerte B, könne er sich noch nicht festlegen, sichere aber auch für die spätere Zukunft weitmöglichstes Entgegenkommen zu. Im Jahre 1930, und zwar im Juni, lehnte B „aus wirtschaftlichen Gründen" weitere Zahlungen ab. Die Witwe A verklagt daraufhin die Firma B auf Zahlung.

Welche Erwägungen wird der Richter in bezug auf die Begründetheit der Klage anzustellen haben?

Lösungshinweis: JW. 1935, Heft 35, S. 2525.

39. Fall.

Akkordlohn und Betriebsordnung.

Im Betriebe des Unternehmers A wird im Akkord gearbeitet. Die Betriebsordnung enthält über die Berechnung des Akkordlohnes keine Bestimmung. Der Arbeiter X arbeitet laut Einzelarbeitsvertrag gegen Akkordlohn.

Ist dieser Arbeitsvertrag gültig?

Lösungshinweis: Mansfeld, Komm. Anm. 4a zu § 27 AOG.

40. Fall.

Die Voraussetzungen der Auferlegung von Bußen.

Dem Arbeiter A wurde vom Betriebsführer B wegen einer geringfügigen Störung des Arbeitsfriedens eine Buße von 3 *RM* auferlegt. Der Tagesarbeitsverdienst des A beträgt 6.30 *RM*.

Welche Voraussetzungen müssen gegeben sein, damit die Auferlegung der Buße durch den Betriebsführer rechtswirksam ist?

Lösungshinweis: Hueck, Komm. Anm. I—IV zu § 28 AOG.

Die Lösungen:

1. Fall.

Die fristlose Entlassung.

Dem vorliegenden Fall liegt eine Entscheidung des Arbeitsgerichts Hamburg — Urt. vom 23. Aug. 1935 = JW. 1935, Heft 51/52, S. 2666 ff. — zugrunde, die in grundsätzlicher Weise zu dem Problem des „wichtigen Grundes" bei der fristlosen Entlassung Stellung nimmt.

Lösung:

a) Gemäß § 626 BGB. hätte B dem A ohne Einhaltung der ordentlichen Kündigungsfrist fristlos kündigen können, wenn ein wichtiger Grund vorgelegen hätte. Ein solcher kann auch dann gegeben sein, wenn keinen der beiden Vertragsteile ein Verschulden trifft, jedoch wird aus dem Gesichtspunkt des Treudienstvertrages (vgl. Lö. zu Fall 2) mit Recht der Standpunkt zu vertreten sein, daß man für diesen Fall nur ausnahmsweise und unter sorgsamster Abwägung aller Umstände einen Grund zur fristlosen Entlassung wird annehmen können. Nach der Rechtsprechung ist die außerordentliche Kündigung wegen eines wichtigen Grundes beim Vorhandensein von Umständen gegeben, unter denen dem vom Vertrag Zurücktretenden die Fortsetzung des Verhältnisses nach verständigem Ermessen nicht zugemutet werden kann, auch von solchen Umständen, die von dem anderen Teile nicht zu vertreten sind (vgl. RGRKomm. Anm. 1 zu § 626 BGB.). Grundsätzlich wird auch, dies ist für den vorliegenden Fall von Bedeutung, die Rechtmäßigkeit der außerordentlichen Kündigung nicht dadurch ausgeschlossen, daß der Kündigende selbst die Umstände ganz oder teilweise herbeigeführt hat, auf die er die Kündigung stützt oder die wenigstens mittelbar den Grund zur fristlosen Entlassung abgeben. Jedenfalls ist die Kündigung nur dann gerechtfertigt, wenn dem Unternehmer die Einhaltung der ordentlichen Kündigungsfrist nicht zugemutet werden kann, wobei aber auch die Stellung des Beschäftigten und das Maß von Vertrauen, dessen er zur richtigen Ausübung bedarf, von Wichtigkeit ist; hierbei — dieser Hinweis ist auch im vorliegenden Falle ganz besonders beachtlich — ist an das Verhalten eines leitenden Angestellten ein weit schärferer Maßstab anzulegen als an das eines durchschnittlichen Arbeiters (so richtig Potthoff S. 89).

Sind dies die allgemeinen und grundsätzlichen, von Lehre und Rechtsprechung anerkannten Gesichtspunkte hinsichtlich der zur Behandlung stehenden Frage, so hat das ArbG. Hamburg in der oben zitierten Entscheidung im vorliegenden Falle insbesondere auch den Umstand berücksichtigt, daß der junge A ganz allein unter Kameraden stand, die den Weg zum neuen Staat noch nicht gefunden haben und daß er einem Betriebsführer unterstand, der sich als politisch „neutral" bezeichnete, was doch, unter dem Gesichtspunkt des Bekenntnisses zum neuen Staat und seinen Grundsätzen betrachtet, nichts anderes als Ablehnung dieses Staates bedeutet. In Anbetracht dessen, daß A der einzige Nationalsozialist im Betriebe des B war und unter Berücksichtigung des Umstandes, daß daher naturgemäß zwischen ihm und seinen Arbeitskameraden eine dauernde Spannung bestand, erscheint es durchaus verständlich, daß A, der sich nicht nur in seiner persönlichen Ehre, sondern auch in seiner erst neu erworbenen Eigenschaft als Betriebszellenobmann zurückgesetzt, ja angegriffen fühlen mußte, in der Selbstverteidigung über das erlaubte Maß hinaus ging und seine Zuflucht zu Behauptungen in bezug auf die Person des Betriebsführers nahm, die unwahr waren. Man wird die Behauptungen, er habe den B zur Rede gestellt und dieser sei „ganz klein" gewesen, aus diesen Gründen keinesfalls als eine solch schwere Verletzung seiner Treudienstverpflichtung ansehen können, die es dem B unzumutbar mache, den A weiter zu beschäftigen.

Das gleiche muß aber auch für die in Gegenwart des B und der Gefolgschaftsmitglieder ausgesprochenen Drohungen gelten. Ausgehend von der unerträglichen und dem Gedanken einer Arbeitsgemeinschaft naturgemäß sehr abträglichen Spannung, die zwischen A und seinen Arbeitskameraden bestand, und unter Berücksichtigung des Umstandes, daß A völlig auf sich allein angewiesen war und keinerlei Unterstützung bei dem Betriebsführer fand, dessen vornehmste und selbstverständliche Aufgabe ein Ausgleich dieser Spannungen und die Herbeiführung eines guten gegenseitigen Einvernehmens zwischen den Belegschaftsmitgliedern gewesen wäre, erscheint das Verhalten des A zwar nicht gerechtfertigt, aber entschuldigt. Die übrigen Gefolgschaftsmitglieder, nicht zuletzt aber auch der Betriebsführer selbst, tragen einen großen, wenn nicht den größten Teil der Schuld an den Vorkommnissen.

Mithin liegt ein „wichtiger Grund" i. S. des § 626 BGB. nicht vor und die fristlose Entlassung ist unwirksam. Wollte B den A nicht mehr weiterbeschäftigen, so hätte er ihm also unter Einhaltung der ordentlichen Kündigungsfrist kündigen müssen. Er ist deshalb auch verpflichtet, dem A den Lohn für die nichteingehaltene Kündigungsfrist zu bezahlen (vgl. unten b).

b) Nach Ansicht von Lehre und Rechtsprechung ist eine Kündigung, wenn sie nach § 626 BGB. — wie im vorliegenden Falle — nicht begründet ist, in der Regel als für den nächsten gesetzlichen oder vertraglichen Kündigungstermin wirksam zu erachten (vgl. RGRKomm. Anm. I zu § 626 BGB.), wenn eine hierauf gerichtete Absicht des Erklärenden aus dem Inhalt seiner Erklärung oder aus den Umständen entnommen werden kann. Dies gilt insbesondere dann, wenn dem Gekündigten aus besonderen Umständen ohne weiteres erkennbar ist, daß der Kündigende das Vertragsverhältnis auf alle Fälle lösen will (vgl. RGZ. in JW. 1908, S. 270). Im vorliegenden Falle dürfte ein solcher Wille, der sich aus den Umständen klar ergibt, ohne weiteres anzunehmen sein, so daß dem A wirksam auf den nächstzulässigen Termin gekündigt wurde.

c) Es bleibt dem A demnach nur übrig, die Kündigungswiderrufsklage nach § 56 AOG. zu erheben, die er nur darauf stützen könnte, daß die Kündigung für ihn eine „unbillige Härte" darstelle (über den Begriff der „unbilligen Härte" vgl. Hueck-Komm. zu § 56 AOG.). Erachtet das Gericht die Voraussetzungen des § 56 für vorliegend und erkennt es auf Widerruf der Kündigung, so ist — auch ohne Antrag — im Urteil von Amts wegen eine Entschädigung für den Fall festzusetzen, daß der Unternehmer den Widerruf ablehnt (§ 57 Abs. I AOG.). Ob die Voraussetzungen des § 56 vorliegen und damit auch dem zweiten Anspruch des A stattzugeben ist, läßt sich aus dem Sachverhalt nicht entnehmen (über die Voraussetzungen des § 56 AOG. vgl. die Lö. zu den Fällen 10 und 11).

2. Fall.
Fristlose Entlassung bei mangelnder Einstellungsgenehmigung.

Vgl. zu vorl. Fall LArbG. Essen, Urt. v. 7. Sept. 1935 = JW. 1935, Heft 45, S. 3182.

Lösung:

Im vorliegenden Falle handelt es sich zunächst um die Frage der Gültigkeit des Anstellungsvertrages. Nach der Anordnung über die Verteilung von Arbeitskräften vom 28. Aug. 1934 (DRAnz. Nr. 202) dürfen männliche und weibliche Personen unter 25 Jahren nur mit vorheriger Zustimmung des Arbeitsamtes als Arbeiter oder Angestellte eingestellt werden. Es ist hervorzuheben, daß gem. § 9 der Anordnung die Zustimmung des Arbeitsamtes bereits vorliegen muß, wenn die Einstellung erfolgt, d. h. es ist ausdrücklich vorherige Zustimmung i. S. des § 183 BGB., also Einwilligung, gefordert; eine nachträgliche Genehmigung des Arbeitsamtes genügt nicht. Es fragt sich daher, ob der einwilligungslos abgeschlossene Vertrag nach § 134 BGB. nichtig ist, ob also in der Anordnung, daß Arbeiter und Angestellte unter 25 Jahren nur mit vorheriger Zustimmung eingestellt werden dürfen, ein gesetzliches Verbot zu erblicken ist. In § 21 Abs. I Ziff. 1 der Anordnung ist die Bestrafung des Führers des Betriebes, der gegen obige

Anordnung verstößt, vorgesehen. Aus dieser Tatsache und aus dem Zweck der Anordnung ergibt sich, daß das Rechtsgeschäft (der Anstellungsvertrag) als nichtig anzusehen ist. Der Grund für die Nichtigkeit liegt hier in dem Verstoß gegen das Allgemeinwohl (vgl. über diese Frage die gründlichen Ausführungen von Kleinschmidt in JW. 1935, S. 3140 ff.).

Auch das LArbG. Essen geht von der Nichtigkeit des Dienstvertrages aus. Jedoch auch bei Nichtigkeit des Vertrages ist der Arbeitgeber nach §§ 309, 307 BGB. verpflichtet, der A den Vertrauensschaden zu ersetzen. Nur dann tritt die Ersatzpflicht nicht ein, wenn der andere Teil die Verbotswidrigkeit der Leistung kennt oder kennen muß. Es steht unzweifelhaft fest, daß B als Betriebsführer die Bestimmung hätte kennen müssen, es fragt sich nur, ob seine Schadensersatzpflicht nicht dadurch ausgeschlossen wird, daß auch die A die Verbotswidrigkeit ihrer Beschäftigung hätte kennen müssen. Dies ist jedoch abzulehnen, denn es kann nur darauf ankommen, ob die A wußte oder wissen mußte, daß B die erforderliche Genehmigung nicht eingeholt hatte. Von der A ist nicht zu verlangen, daß sie die fragliche gesetzliche Bestimmung kannte. Nur dann also, wenn die A die gesetzliche Bestimmung kannte und wußte oder wissen mußte, daß die Genehmigung des Arbeitsamtes nicht vorlag, würde ein Schadensersatzanspruch ihrerseits entfallen. Da die A laut Sachverhalt von der gesetzlichen Bestimmung nichts gewußt hat, kann sie naturgemäß auch nichts von dem Fehlen einer solchen Genehmigung gewußt haben; überdies ist es Sache ausschließlich des Betriebsführers, sich über die eventuellen gesetzlichen Bestimmungen zu unterrichten. Dem Angestellten ist jedenfalls unter normalen Umständen nicht zuzumuten, den Führer des Betriebes auf das Bestehen gesetzlicher Bestimmungen aufmerksam zu machen oder sich zu erkundigen, ob sie beobachtet sind. Ein eigenes Verschulden der A scheidet also aus.

In bezug auf die Höhe ihres Schadensersatzanspruches ist folgendes zu sagen: Sie kann einen Schadensersatzanspruch nur dann geltend machen, wenn sie nachweist, daß sie, hätte sie nicht auf die Gültigkeit des Vertrages vertraut, anderweitig eine Stellung hätte erhalten können. Für den Fall, daß ihr ein solcher Nachweis gelingt, steht ihr jedoch, da nur der Vertrauensschaden zu ersetzen ist, lediglich der mit dem B vereinbarte Monatslohn für April zu, nicht also ein höherer Lohn, den sie etwa nachweislich in einer anderen Arbeitsstelle erhalten hätte.

3. Fall.

Die Verwirkung des Rechts zur fristlosen Entlassung.

Lösung:

I. Gem. § 626 BGB. kann ein Dienstverhältnis ohne Einhaltung der ordentlichen Kündigungsfrist gekündigt werden, wenn ein wichtiger Grund vorliegt. Diese Bestimmung findet nach allgemeiner und unwidersprochener Ansicht auch auf Arbeitsverträge, die durch den sie beherrschenden Treugedanken gekennzeichnet sind und insoweit einen stark personenrechtlichen Einschlag haben, Anwendung. Jedoch ist es von ganz besonderer Bedeutung gerade für die Auffassung des Arbeitsvertrages als eines Treudienstvertrages, was als wichtiger Grund aufzufassen ist. Aus dem Charakter des Arbeitsvertrages als eines Treudienstvertrages ergibt sich jedenfalls, daß die Frage, ob ein wichtiger Grund zur fristlosen Entlassung gegeben ist, dann zu bejahen ist, wenn in gröblicher Weise von einer Vertragspartei gegen die ihr obliegende Treupflicht verstoßen wird. Andererseits erfährt aber die begriffliche Anwendung des „wichtigen Grundes" auch eine Einschränkung, insoweit es sich um Umstände handelt, die in der Person des Kündigenden liegen oder die von keiner der beiden Parteien verursacht sind, „denn es verlangt die gegenseitige Treue und Fürsorge gerade hier, daß nicht allein darauf abgestellt wird, ob dem Kündigenden die Fortsetzung des Vertragsverhältnisses zugemutet werden kann. Es müssen die beiderseitigen Interessen, vor allem aber auch die beiderseitigen Pflichten abgewogen werden, die von jedem Rücksicht auf die Belange und Bedürfnisse des anderen Teils verlangen" (vgl. Hueck, Komm. Anm. 23 zu § 2 AOG.).

Diese sich aus dem Treudienstverhältnis ergebenden und von Literatur und Judikatur fast einmütig vertretenen Grundsätze führen, auf den vorliegenden Sachverhalt angewandt, zu dem Ergebnis, daß es dem B nicht zugemutet werden kann, den A weiterzubeschäftigen, zudem hier noch, abgesehen davon, daß in der Unterschlagung anvertrauter Gelder schon ein grober Verstoß gegen die allgemeine Treupflicht zu erblicken ist, die Verletzung einer ganz besonderen Treupflicht in Frage steht, da der Kassierer eine Person ist, der notwendig das allerstärkste Vertrauen geschenkt werden muß. Damit war dem B am 5. November, an dem Tag, an dem er von den Verfehlungen erfuhr, nicht nur das Recht, sondern auch die tatsächliche Möglichkeit gegeben, den A fristlos zu entlassen. Selbstverständlich erscheint es auch unvertretbar, dem Unternehmer zuzumuten, den A etwa auf einem Arbeitsplatz in seinem Betrieb unterzubringen, der nicht eine besondere Zuverlässigkeit und Vertrauenswürdigkeit erfordert.

II. Die Frage, ob jetzt noch, nachdem fast drei Wochen seit Kenntnis des B vom Entlassungsgrunde, die fristlose Entlassung ausgesprochen werden kann, erscheint zweifelhaft. Grundsätzlich ist es naturgemäß Sache des Unternehmers, ob er von seinem Entlassungsrecht Gebrauch machen will oder nicht.

Darf er aber noch davon Gebrauch machen, wenn der betreffende Beschäftigte, in dessen Person die Gründe zur fristlosen Entlassung gegeben sind, infolge der inzwischen verstrichenen Zeit u. U. damit rechnen kann, daß die Entlassungsbefugnis nicht mehr ausgeübt werde, daß man ihm etwa verziehen habe in Anbetracht seiner bisherigen Unbescholtenheit oder deshalb weil er für den Betrieb unentbehrlich sei?

Hierzu hat das Reichsgericht (vgl. RGZ., Urt. vom 12. Nov. 1935 = Bd. 149, S. 202) grundsätzlich dahingehend Stellung genommen, daß das Recht zur fristlosen Entlassung dann als verwirkt anzusehen sei, wenn der Berechtigte länger als die sachlich notwendige Zeit zur Prüfung und Beschlußfassung, ob ein wichtiger Kündigungsgrund gegeben sei, zuwartet, ohne sich die fristlose Kündigung ausdrücklich vorzubehalten. Dieser Stellungnahme des höchsten Gerichtshofes dürfte grundsätzlich zuzustimmen sein, doch bleibt wohl zu beachten, daß es im Einzelfall die Betriebslage erfordern kann, die fristlose Entlassung etwas hinauszuschieben. Hervorgehoben werden mag aber auch für diesen Fall, daß es dem Berechtigten wohl immer zuzumuten sein wird, sich das Recht zur fristlosen Entlassung vorzubehalten, oder aber auf einen bestimmten, wenn auch nicht auf den vertraglichen oder gesetzlichen Kündigungstermin zu kündigen. Aber auch hier ist zu beachten, daß es dem in dieser Weise gekündigten Beschäftigten beim Vorliegen besonderer Umstände nicht immer zuzumuten sein wird, noch während der vom Unternehmer angesetzten Zeit im Betrieb zu arbeiten, insbesondere dann nicht, wenn der Grund, der zur fristlosen Entlassung berechtigte, kein von dem Gekündigten verschuldeter ist.

Merke aber: Kündigt jemand in Kenntnis eines wichtigen Grundes, der zur fristlosen Entlassung berechtigt hätte, unter Einhaltung der ordentlichen Kündigungsfrist, so ist darin in aller Regel ein Verzicht auf das Recht zur fristlosen Kündigung zu erblicken: RGZ. 149, 202.

4. Fall.

Kündigung wegen Doppelverdienstes.

Vgl. zu vorl. Fall ArbG. Nürnberg, Urt. v. 11. März 1935 = JW. 1935, Heft 49, S. 3500 f.

Lösung:

Die Frage, ob aus dem Gesichtspunkt des Doppelverdienertums wirksam gekündigt werden kann, ist bisher in der Literatur und Judikatur noch kaum behandelt. Auszugehen ist grundsätzlich davon, daß im Interesse der Schaffung freier Arbeitsplätze für noch arbeitslose Volksgenossen, die allgemeine Tendenz im neuen Deutschland dahin geht, nach Möglichkeit mehrfachen Verdienst einer Einzelperson tunlichst auszuschalten. Wegen der Kompliziertheit des Problems, wann ein Doppelverdienst anzunehmen ist, und wegen der Schwierigkeit einer Generalregelung hat der Gesetzgeber bisher davon Abstand genommen, eine gesetzgeberische und damit allgemeinverbindliche Regelung zu treffen (vgl. unten: Merke). Auch durch Anweisungen im Verwaltungswege sind bisher noch keine irgendwie als typisch anzusehenden Regelungen getroffen worden (vgl. auch Denkschrift des RArbMin. und des RWiMin. über Doppelverdiener vom 20. Nov. 1933 = RArbBl. 1933, Nr. 33 S. 295).

Bei der Beurteilung des zur Behandlung stehenden Problems ist daher notwendigerweise davon auszugehen, daß Doppelverdienst allein noch keinen Kündigungsgrund schafft. Wenn im vorliegenden Fall dem A aus dem Gesichtspunkt des Doppelverdienertums gekündigt wurde und dies der einzige Kündigungsgrund war, so wird die Frage aktuell, wann man überhaupt einen unzweifelhaften Fall des Doppelverdienertums annehmen kann. Hierbei ist einzig und allein davon auszugehen, ob der betreffende Arbeitnehmer von jedem seiner beiden Verdienste auskömmlich leben kann (vgl. JW. 1935, S. 3500). In vorliegendem Falle ist es unbestritten, daß die jährlichen Einkünfte, die A aus seinem Haus nebst Laden zieht, nicht mehr als 1000 *RM* betragen, d. h. sein monatliches Einkommen aus diesem Besitz beziffert sich nur auf knapp 90 *RM*, eine Summe, die kaum den notdürftigen Unterhalt gewährt. Man muß sich daher in vollem Umfange auf den Standpunkt des ArbG. Nürnberg stellen, das zu dem vorliegenden Falle ausführt:

„Abgesehen davon kann es dem Kläger schon aus allgemeinen sozialen Erwägungen heraus gar nicht zugemutet werden, nachdem er sich in 27jähriger Tätigkeit in der beklagten Firma hinaufgearbeitet hat, nur deshalb auf eine ganz dürftige soziale Stufe hinabzusteigen, weil er zusammen mit seiner Frau mehr geschafft hat als andere. Es würde keineswegs dem wahren gemeinen Nutzen dienen, wenn der Nachfolger des Klägers auf seinem Arbeitsplatz in der Firma diesen Platz nur durch Existenzvernichtung seines Vorgängers erhalten würde. Selbstverständlich ist aber dabei der augenblickliche feststellbare Stand der Rentabilität von Haus und Geschäft maßgebend. Bei dauernd steigender Konjunktur des Geschäftes, das schließlich eine Familie ernähren kann, wird das dem Rechtsstreit zugrundeliegende Problem erneut an die Streitteile herantreten."

Mithin kann im vorliegenden Falle ein ungerechtfertigtes Doppelverdienertum nicht anerkannt werden. Die Kündigung als solche ist jedoch gültig; lediglich ihre Folgen könnten durch die Kündigungswiderrufsklage nach § 56 AOG. beseitigt werden.

Merke: Gesetzliche Regelungen des Doppelverdienertums enthalten das Gesetz zur Änderung der Vorschriften auf dem Gebiete des allgemeinen Beamten-, Besoldungs- und Versorgungsrechts vom 30. Juni 1933 (RGBl. I, 433) für Beamte, der Erlaß des RArbMin. vom 8. Juli 1933 (RArbBl. I, 224) für Ruhegehaltsempfänger und ein Erlaß desselben Ministers vom 28. Aug. 1933 für ruhegehaltsberechtigte ehemalige Offiziere.

5. Fall.

Kündigung der Ehefrau wegen Mannesverdienstes.

Über die wesentlichsten, bei der Frage nach ungerechtfertigtem Doppelverdienertum auftauchenden Probleme vgl. Lö. z. Fall 4 u. d. grunds. Ausführungen v. W. Franke in JW. 1935, Heft 49, S. 3501 f. u. ArbG. Nürnberg, Urt. v. 28. Febr. 1935 ebenda.

Lösung:

I. Materiellrechtliche Seite.

Es kann im vorliegenden Falle keine Rede davon sein, daß die Kündigung der A wegen Verstoßes gegen § 138 BGB. nichtig und damit wirkungslos sei. § 138 setzt voraus, daß das Rechtsgeschäft (Kündigung) gegen das Anstandsgefühl aller billig und gerecht denkenden Volksgenossen verstößt (so schon RGZ. 80, 221). Es steht außer jedem Zweifel, daß der vom nationalsozialistischen Staat in den Vordergrund gestellte Gesichtspunkt, daß tunlichst solche Frauen aus den Betrieben langsam entfernt werden, deren Männer im Verdienst stehen, und daß sie durch solche Frauen ersetzt werden, deren Männer arbeitslos sind, auch schon aus dem Gedanken heraus, die Frau der Familie wiederzugeben, unbedingt gerechtfertigt ist. Jedoch ist es naturgemäß selbstverständlich, daß in jedem Falle, in dem die Kündigung einer arbeitenden Frau allein aus dem Gesichtspunkt des Mannesverdienstes erfolgt, sorgfältig alle diejenigen Umstände abgewogen werden müssen, die für eine billige Beurteilung des Falles die Grundlage abgeben; insbesondere muß eine etwaige, durch die bisherige Arbeitslosigkeit des Mannes bedingte Verschuldung, die Größe der Familie, die geringe Höhe des Mannesverdienstes u. a. m. weitgehendst berücksichtigt werden. Da im vorliegenden Falle der Sachverhalt ausdrücklich darauf hinweist, daß der Mann wieder „eine recht auskömmliche Stellung" gefunden hat, dürfte die A auch mit der an sich für zulässig zu erachtenden Kündigungswiderrufsklage (§ 56 AOG.) nicht durchdringen. Die Kündigungswiderrufsklage ist deshalb im vorliegenden Fall grundsätzlich für zulässig zu erachten, als die Frage, ob im einzelnen die besonderen Verhältnisse und Umstände durch den kündigenden Unternehmer richtig gewürdigt wurden, der richterlichen Beurteilung und Nachprüfung unterstehen muß. Liegt in der Kündigung eine soziale, unbillige Härte, so kann auch die Widerrufsklage einer Ehefrau trotz Mannesverdienstes Erfolg haben.

Die Feststellung, daß etwa der Betriebsführer die besonderen Verhältnisse des einzelnen Falles nicht genügend berücksichtigt habe, kann zur Verurteilung nach § 56 AOG. führen, kann aber nie die Nichtigkeit der Kündigung begründen, da, wie festgestellt, von einem Verstoß gegen die guten Sitten nicht gesprochen werden kann; die Kündigung beruht nicht auf verwerflichen und unsachlichen Beweggründen, vielmehr stützt sie sich, wie festgestellt, auf einen im Prinzip durchaus richtigen Gesichtspunkt.

II. Verfahrensrechtliche Seite:

Es handelt sich hier um die Frage der Zulässigkeit eines Nebeneinanders von Widerrufsklage und Eventualklage auf Feststellung der Nichtigkeit der Kündigung. Diese Zulässigkeit ist zu verneinen: Mit der Erhebung der Widerrufsklage anerkennt die Klägerin die rechtliche Wirksamkeit der Kündigung, deren *Folgen* sie lediglich zu beseitigen bestrebt ist;

denn aus der Tatsache, daß die Klägerin in erster Linie die Kündigungswiderrufklage erhebt, ergibt sich, daß sie die Wirksamkeit der Kündigung nicht ernstlich bestreiten will, „sonst wäre es logischer gewesen, als Hauptantrag den Antrag auf Feststellung der Nichtigkeit der Kündigung zu stellen und nur eventuell den schwächeren auf Widerruf" (vgl. JW. 1935, S. 3501).

Merke: Wenn wirklich die Voraussetzungen eines echten Doppelverdienertums in der Person eines Arbeitnehmers vorliegen und diesem deshalb fristgerecht gekündigt wird, so muß die Möglichkeit einer erfolgreichen Kündigungswiderrufsklage verneint werden, da dann unter keinen Umständen in der Kündigung eine „unbillige Härte" liegen kann; vielmehr ist die Kündigung aus der sozialen Erwägung erfolgt, den Platz eines wirklichen Doppelverdieners freizumachen, um einem Arbeitslosen Arbeit und Verdienstmöglichkeit zu geben (vgl. auch LArbG. Berlin in ArbRspr. 35, 170).

6. Fall.

Die Kündigung eines Vertrauensmannes.

Vgl. zu vorl. Fall RArbG., Urt. v. 20. Juli 1935 = JW. 1935, Heft 45, S. 3175 ff.

Lösung:

Für die Entscheidung der Frage der Zulässigkeit der Kündigung eines Vertrauensmannes ist von dem Zweck der Bestimmung des § 14 AOG., die die grundsätzliche Unzulässigkeit der Kündigung eines Vertrauensmannes ausspricht, auszugehen. Zunächst ist hervorzuheben, daß der Kündigungsschutz dem Vertrauensmann nicht um seiner Person, sondern um des Amtes willen vom Gesetzgeber gewährt wurde (vgl. RArbG. BenshS. 14, 32; 15, 365 u. Hueck-Komm. Anm. II, 1a zu § 14 AOG.). Die Sicherheit vor einer Kündigung soll gewährleisten, daß der Vertrauensmann seine Amtsobliegenheiten frei und „allein nach seinem Gewissen" auszuüben vermag, es soll ihm also Schutz vor versteckter Maßregelung gegeben werden. Das Verbot richtet sich jedoch nur gegen die Kündigung, nicht gegen die Entlassung nach § 626 BGB., deren Zulässigkeit der Gesetzgeber ausdrücklich anerkennt (§ 14 Abs. I S. 2 AOG.). Für vorliegenden Fall bedeutet das, daß die ordentliche Kündigung des Vertrauensmannes A zum 1. Oktober 1935 unzulässig war, da er mindestens noch bis zum 30. April 1936 den Kündigungsschutz für sich in Anspruch nehmen konnte, da erst mit diesem Zeitpunkt die Amtsperiode des Vertrauensrates endigt (§ 11 AOG.). Es fragt sich jedoch, ob man nicht für den Fall, daß dem Unternehmer ein „wichtiger Grund" zur fristlosen Entlassung nach § 626 BGB. zur Seite stand, die Gültigkeit einer dieserhalb ausgesprochenen und unter Einhaltung der gesetzlichen oder vertraglichen Kündigungsfrist erfolgenden Kündigung annehmen kann. Dies ist zu bejahen, denn der Gesetzgeber gewährt ja nur das Recht unter den Voraussetzungen des § 626 BGB. das Arbeitsverhältnis fristlos zu kündigen. Der Unternehmer braucht also die Entlassung nicht auszusprechen, sondern er kann statt dessen auf den Schluß der ordentlichen Kündigungsfrist kündigen. Dies ist naturgemäß auch dann anzunehmen, wenn in der Person eines Vertrauensmannes die Voraussetzungen zur fristlosen Entlassung bestehen (vgl. jedoch Lö. zu Fall 3).

Ob allerdings im vorliegenden Falle darin, daß der Unternehmer mit der Arbeitsleistung des A „nicht zufrieden" ist, ein „wichtiger Grund" liegt, ist aus dem Sachverhalt nicht zu entnehmen (über die grunds. Fragen vgl. Lö. zu Fall 1).

7. Fall.

Die Kündigung eines Vertrauensmannes vor Ablegung des feierlichen Gelöbnisses.

Vgl. zu vorl. Fall RArbG., Urt. v. 20. Febr. 1935 = JW. 1935, Heft 25, S. 1804 ff. u. JW. 1935, Heft 51/52, S. 3663 f.

Lösung:

Gem. § 11 AOG. beginnt das Amt eines Vertrauensmannes erst nach der feierlichen Verpflichtung, also regelmäßig, wie dies der Gesetzgeber ausdrücklich feststellt, erst am 1. Mai, dem Tag der nationalen Arbeit. Daher beginnt grundsätzlich auch der Kündigungsschutz, den der Vertrauensmann gem. § 14 Abs. I S. 2 AOG. genießt, erst mit diesem Tag, dem Tag seines Amtsantrittes. Nicht jedoch beginnt der Kündigungsschutz bereits mit der Berufung zum Vertrauensmann; andererseits ist der Amtsbeginn nicht von einem Tätigwerden des Vertrauensrates als Ganzem, sondern eben lediglich von der feierlichen Verpflichtung abhängig. Der Meinung von Dersch (Komm. Anm. 4a zu § 14 AOG.), der den Beginn des Kündigungsschutzes bereits für den Zeitpunkt der Berufung annimmt, steht die herrschende Lehre entgegen (vgl. u. a. Mansfeld-Komm., Anm. 3b, aa zu § 14 und Hueck-Komm. Anm. 2 zu § 14 AOG.).

Für die Lösung des im vorliegenden Falle in Frage stehenden Problems ist es wichtig festzustellen, daß der Kündigungsschutz dem Vertrauensmann ausschließlich um des Amtes, nicht um seiner Person willen zugesprochen ist (vgl. u. a. RArbG. BenshS. 12, 423; 15, 365). Diese Stellungnahme der Rechtsprechung ergibt sich folgerichtig aus dem Zweck des Amtes des Vertrauensmannes: „Könnte der Unternehmer bzw. der Führer jederzeit fristgerecht kündigen, so könnte er nicht nur bei der Berufung, sondern auch nachträglich die Zusammensetzung des Vertrauensrates beeinflussen. Vor allem bestünde die Gefahr, daß der Vertrauensmann seine Amtsobliegenheiten nicht frei und allein nach seinem Gewissen ausübte" (Hueck-Komm. Anm. 20 zu § 14 AOG.). Dieser Gesichtspunkt muß aber auch schon, will man dem eigentlichen Zweck der Bestimmung des § 14 AOG. gerecht werden, in einem Zeitpunkt bestimmend sein, in dem formal zwar der Kündigungsschutz noch nicht Platz greift, in dem aber bereits die materiellen Voraussetzungen eines im Interesse der „ratio" liegenden rechtsschutzwürdigen Anspruchs auf Kündigungsschutz vorliegen; es wird hier jedoch andererseits zu fordern sein, daß bei der Prüfung der Anwendbarkeit der Kündigungsschutzbestimmung v o r Beginn des Vertrauensratsamtes ein strenger Maßstab anzulegen ist. Insbesondere erscheint uns auch eine unmittelbare Anwendung der Schutznorm des § 14 AOG. vor der Verpflichtung nicht möglich. Vielmehr kommt diesen Gesichtspunkten bei der Frage der Wirksamkeit der Kündigung eines Vertrauensmannes in diesem Falle lediglich die Bedeutung zu, daß sie für die Beurteilung, ob etwa die Kündigung sittenwidrig ist, eine sehr maßgebliche Rolle spielen.

Von diesen Feststellungen ausgehend ist daher zu prüfen, ob im vorliegenden Fall die Kündigung des Gefolgschaftsangehörigen A wirksam erfolgt ist, insbesondere, ob sie sittenwidrig und daher nach § 138 BGB. nichtig ist. Im vorliegenden Falle erfolgte die Kündigung zu dem Zwecke, den bereits berufenen Vertrauensmann an der Ausübung seines Amtes zu hindern. In einem solchen Falle, dies ist hervorzuheben, muß jedoch die Kündigung gerade den Zweck des Gesetzes, eine ungehinderte Ausübung des Amtes, unterbinden wollen (vgl. Hueck-Komm. Anm. 21 zu § 14 AOG.). Das Fehlen einer besonderen Kündigungsschutzbestimmung für den Amtsbewerber darf diesen, wie wir das oben bereits hervorgehoben haben, keineswegs schutzlos machen; es muß ihm der allgemeine Schutz gegen sittenwidrige Kündigung gesichert sein. Dies hat das RArbG. schon in früherer Rechtsprechung mit Recht hervorgehoben (vgl. u. a. RArbG. BenshS. 12, 172; 16, 297). Eine Nichtigkeit der Kündigung nach § 138 BGB. muß auch, im Gegensatz zu Krause (vgl. JW. 1935, S. 1314), mit Rücksicht auf ihren Beweggrund und Zweck angenommen werden können (vgl. Franke in JW. 1935, S. 3663). Es ist davon auszugehen, daß ein Verstoß gegen die guten Sitten dann für vorliegend erachtet werden muß, wenn entweder das Ziel oder das Mittel dem Anstandsgefühl aller „den Kreisen des Arbeitslebens angehörigen gerecht und billig Denkenden" widerstrebt; oder wenn „das Verhalten des Schädigers von den anständig und gesund denkenden Teilen derjenigen sozialen Teile, denen er angehört, als unbillig, anstößig und unzulässig empfunden wird" (vgl. RArbG. in JW. 1935, S. 3664). Es kann — im vollen Anschluß an die Rechtsprechung — deshalb keineswegs der Standpunkt vertreten werden, daß, ausgehend von der abstrakten Rechtsgeschäftsnatur der Kündigung, diese unabhängig sei von Beweggrund und Zweck.

Es ist daher auch im vorliegenden Falle anzunehmen, daß das Verhalten des B, der von der Tätigkeit des A als Vertrauensmann einen „strammen nationalsozialistischen Kurs" im Betriebe „befürchtete" (!) und diese Befürchtung zum Anlaß für die Kündigung nahm, gegen die dem AOG. zugrundeliegende sittliche Anschauung verstößt und daher sittenwidrig ist.

A muß daher die Kündigung nicht gegen sich gelten lassen.

Merke: Da § 14 AOG. die Kündigung eines Vertrauensmannes nach Amtsantritt verbietet, ist auch, dem Zweck des Kündigungsschutzes entsprechend, eine Kündigung auf einen n a ch der Amtsdauer liegenden Zeitpunkt für unzulässig zu erachten, weil, wäre dies möglich, der Vertrauensmann auch dadurch noch „unter Druck" gestellt werden könnte! (Vgl. dazu auch Hueck, Komm. Anm. 21 a. E. zu § 14 AOG.).

8. Fall.

Bevorzugte Wiedereinstellung von Vertrauensmännern.

Vgl. zu vorl. Fall RArbG., Urt. v. 25. Jan. 1936 = JW. 1936, Heft 18, S. 1231 f.

L ö s u n g:

Gem. § 20 Abs. I b AOG. ist der Unternehmer eines Betriebes verpflichtet, dem Treuhänder der Arbeit schriftlich Anzeige zu erstatten, bevor er in seinem Betrieb, der in der Regel mindestens einhundert Beschäftigte umfaßt, innerhalb von vier Wochen mehr als fünfzig Beschäftigte entläßt. Diese Anzeige hat der Unternehmer B, wie unterstellt werden soll, form- und fristgerecht (§ 20 Abs. II S. 1) beim zuständigen Treuhänder erstattet. Solche Entlassungen werden vor Ablauf von vier Wochen nach Eingang der Anzeige nur mit Genehmigung des Treuhänders wirksam. Im vorliegenden Fall hat der Treuhänder die Entlassung genehmigt, die Wirksamkeit der Genehmigung jedoch von Voraussetzungen abhängig gemacht, die im Gesetz keine unmittelbare Stütze finden.

Es fragt sich daher, ob man die in dieser Form erteilte Genehmigung für wirksam erachten kann. Hier sei zunächst darauf hingewiesen, daß dem A, trotzdem er Vertrauensrat war, an sich hätte wirksam gekündigt werden können, denn die Betriebsabteilung, in der A als Maschinenschlosser bisher beschäftigt war, ist, wenn auch nur vorübergehend, stillgelegt worden. Daß die Stillegung des Betriebes oder der Betriebsabteilung eine endgültige sein müsse, kann nicht gefordert werden; „es kann sich mit einer ernstlich gewollten Betriebsstillegung .... sehr wohl die Absicht verbinden, den Betrieb wieder aufzumachen, wenn die Umstände, die zur Schließung des Betriebes geführt haben, wieder beseitigt sind, vorausgesetzt, daß es sich ..... um eine Betriebsstillegung von regelmäßig unbestimmter .... Dauer handelt" (Hueck-Komm. Anm. 14 zu § 24). Wenngleich Hueck dies nicht besonders hervorhebt, sind die gleichen Gesichtspunkte auch für die Stillegung einer Betriebsabteilung am Platze. Selbst eine ganz kurze Dauer der Stillegung schadet nichts, wenn sie auf unbestimmte Zeit beabsichtigt, aber aus unvorhergesehenen Umständen eine alsbaldige Wiedereröffnung möglich wurde (vgl. u. a. RArbG. BenshS. 5, 326; 17, 409). Es soll unterstellt werden, daß im Betriebe des B die Voraussetzungen der Stillegung einer Betriebsabteilung vorhanden waren (über den Begriff der Betriebsabteilung vgl. auch Mansfeld, Komm. Anm. c, aa zu § 14 und Hueck-Komm. Anm. 27 zu § 14 AOG.). Damit stand, wie gesagt, einer Kündigung des A nichts im Wege.

In bezug auf die Gültigkeit der vom Treuhänder erteilten Genehmigung sind folgende Erwägungen anzustellen:

Zunächst könnte man annehmen, die vom Treuhänder erteilte Genehmigung sei mit einer Bedingung verknüpft gewesen, die im Gesetz keine Stütze finde. Es ist richtig, daß der Treuhänder von sich aus keine Wiedereinstellungspflicht durch einseitige Anordnung begründen kann, da seine Befugnisse und Aufgaben in § 19 AOG. erschöpfend aufgezählt sind (so u. a. Dersch-Komm. Anm. II zu § 19 AOG.). Trotzdem ist aber darin, daß der Treuhänder die Entlassungsgenehmigung nur unter der Auflage der bevorzugten

Wiedereinstellung des entlassenen Vertrauensmannes A erteilte, nicht die Beifügung einer unzulässigen Bedingung zu erblicken. Das RArbG. (vgl. RArbG. in JW. 1936, S. 1231) hat selbst zugegeben, daß für den Treuhänder u. U. sehr wohl das Bedürfnis bestehen könne, eine Genehmigung nach § 20 AOG. nur dann zu erteilen, wenn die vorzeitig Entlassenen gewisse Rechtsansprüche unmittelbar gegen den Unternehmer erhalten. Wenn das RArbG. aber meint, daß für diese Fälle dem Treuhänder ohne weiteres der Weg offen stehe, die Genehmigung solange zurückzuhalten, bis sich der Unternehmer den zu Entlassenden gegenüber zu der betreffenden Leistung rechtswirksam verpflichtet habe, so geht nach unserem Dafürhalten das RArbG. an der Problemlage vorbei: Welcher Gesichtspunkt sollte im vorliegenden Falle der Annahme entgegenstehen, die Genehmigung des Treuhänders nur als für den Fall erteilt anzusehen, daß sich der Unternehmer zuerst den zu Entlassenden gegenüber rechtswirksam zu bevorzugten Wiedereinstellung verpflichte? Sollte wirklich rechtlich eine andere Beurteilung Platz greifen müssen, wenn der Treuhänder „in einem Zuge" vom Unternehmer zunächst die Eingehung einer solchen Verpflichtung fordert (die er aus eigener Machtbefugnis dem Unternehmer nicht aufbürden könnte) und nur für den Fall der Eingehung derselben die Entlassungsgenehmigung erteilt? Dies ist mangels jeglichen einleuchtenden Grundes abzulehnen. In einer solchen „Auflage" ist zwar die Beifügung einer Bedingung zu erblicken, die aber von der herrschenden Lehre mit Recht für zulässig erachtet wird (vgl. Mansfeld-Komm. Anm. 3 zu § 20; Hueck-Komm. Anm. 43 zu § 20 AOG.). Es dürfen lediglich solche Bedingungen nicht beigefügt sein, „die eine mit dem Wesen der Kündigung nicht verträgliche Unsicherheit über die Wirkung der Kündigung herbeiführen" (vgl. Hueck in JW. 1936, S. 1232). Dieser Fall liegt hier aber nicht vor; vielmehr hat es der Unternehmer in der Hand, durch sofortige Entscheidung darüber, ob er sich den zu Entlassenden gegenüber verpflichten will oder nicht, eine klare Rechtslage herbeizuführen; er hat also die Wahl, ob er die Verpflichtung zur Wiedereinstellung übernehmen oder ob er lieber die Entlassung im Rahmen der Sperrfrist vornehmen will (Hueck).

Die Entscheidung der Frage, ob dem A ein klagbarer Anspruch gegen B auf Wiedereinstellung zusteht, hängt also davon ab, ob B die betreffende Verpflichtung dem A gegenüber eingegangen ist oder nicht. Ist er sie ausdrücklich eingegangen, so ergibt sich daraus naturgemäß auch ein klagbarer Anspruch auf Wiedereinstellung.

Ist er sie, was nach Lage des Sachverhalts wahrscheinlich ist, nicht ausdrücklich eingegangen, dann ist die Rechtslage (entgegen der Ansicht des RArbG.) folgende:

Nach obigen Ausführungen steht es ganz unzweifelhaft fest, daß der Treuhänder nach seinem pflichtmäßigen Ermessen die Genehmigung nur für den Fall glaubte erteilen zu können, daß B sich im erörterten Sinne bindend verpflichte. Dieser Wille des Treuhänders war auch klar genug zum Ausdruck gebracht worden. Damit aber steht fest, daß der Unternehmer nur entlassen konnte, wenn er dem A gegengegenüber die Wiedereinstellungspflicht übernahm. Daraus ergibt sich auch die Richtigkeit des von Hueck folgerichtig und durchaus überzeugend gezogenen Schlusses, daß B, indem er die Entlassung durchführte, dem A gegenüber zum Ausdruck brachte, daß er die Anordnung des Treuhänders befolgen, also die Wiedereinstellungspflicht übernehmen wollte. Dieses Ergebnis rechtfertigt sich um so mehr, als A „nicht mit einem Ungehorsam des Unternehmers gegenüber dem deutlich zum Ausdruck gebrachten Willen des Treuhänders zu rechnen brauchte" (Hueck in JW. 1936, S. 1232).

A hat also einen klagbaren Anspruch auf Wiedereinstellung gegen B.

Beachte: Verschließt man sich der Richtigkeit dieses Ergebnisses, anerkennt man aber andererseits, daß es nicht angängig ist, die Genehmigung für wirksam, die „Auflage" dagegen für unwirksam zu erachten, dann bliebe nur übrig, die Kündigung (Entlassung) als unwirksam anzusehen und dem A einen Lohnanspruch für die Zeit zwischen erfolgter Entlassung und dem Ende der ordentlichen Kündigungsfrist zu gewähren, da die ohne Einhaltung der Sperrfrist (§ 20 Abs. I S. 1 AOG.) erfolgte Kündigung als für den nächst zulässigen Termin ausgesprochen, anzusehen ist (vgl. Lö. z. Fall 1, b).

9. Fall.

Die Stellung des Vertrauensrates bei Saisonbetrieben.

Vgl. zu vorl. Fall RArbG., Urt. v. 31. Juli 1935 = JW. 1935, Heft 51/52, S. 3665.

Lösungsangaben:

Für die Frage, ob in einem Saisonbetrieb mit wechselnder Beschäftigungszahl gem. § 5 AOG. ein Vertrauensrat zu bilden ist, ist nicht der Jahresdurchschnitt zugrundezulegen, sondern die Beschäftigungszahl während des regelmäßigen Betriebsstandes (RArbG. 2, 56). Die Voraussetzungen des § 5 AOG. sind bei Saisonbetrieben nach den Richtlinien des RArbMin. vom 3. März 1934 (RArbBl. I, 63) dann gegeben, wenn die Zahl von mindestens zwanzig Beschäftigten während des größten Teils des Jahres erreicht wird. Für die Entscheidung der gestellten Frage kommt es also darauf an, ob die saisonmäßig bedingte Einschränkung der Beschäftigungszahl auf unter zwanzig während des größeren oder während des kleineren Teil des Jahres Platz greift.

Merke: „Eine solche periodisch bedingte Betriebseinschränkung oder Stillegung einzelner Betriebsabteilungen ist keine Betriebsumstellung, sie ändert nichts an der technischen oder wirtschaftlichen Struktur des Betriebes, sie hat nur den zeitweisen Ausfall gewisser Betriebsvorgänge zur Folge. Es kann deshalb der Fall, daß der Betrieb ...... als Saisonbetrieb gegen Ende der Saison in dem Bestand seiner Gefolgschaftsmitglieder unter zwanzig sank und daß sogar seine völlige Stillegung für kurze Zeit bevorstand, nicht dem Fall dauernder Umstellung in einen sogenannten Kleinbetrieb "gleichgeachtet werden" (vgl. JW. 1935, S. 3665).

10. Fall.

Die Kündigungswiderrufsklage.

Vgl. zu vorl. Fall RArbG., Urt. v. 30. April 1935 = JW. 1935, Heft 45, S. 3184 f.

Lösung:

Die Kündigung des A ist ordnungsmäßig — unter Einhaltung der tariflichen Kündigungsfrist — erfolgt. Ob A mit Erfolg die Kündigungswiderrufsklage des § 56 AOG. erheben kann, hängt davon ab, ob die Kündigung durch die Verhältnisse des Betriebes bedingt war oder nicht, und ob, wenn dies nicht der Fall war, in der Kündigung eine unbillige Härte zu erblicken ist.

Nach dem Sachverhalt steht es außer Frage, was auch von A nicht bestritten wird, daß einer der drei in der Hausdruckerei des B Beschäftigten zur Entlassung kommen mußte. Die Kündigung eines Arbeiters oder Angestellten ist durch die Verhältnisse des Betriebes bedingt, wenn für die Tätigkeit gerade dieses Arbeitnehmers kein Bedürfnis mehr vorhanden ist „und auch nicht durch die Entlassung eines anderen, weniger schutzbedürftigen Beschäftigten geschaffen werden kann, dem Unternehmer also die Beschäftigung dieses Arbeitnehmers über die Dauer der Kündigungsfrist hinaus nicht mehr möglich oder doch nicht mehr zuzumuten ist" (vgl. Hueck-Komm. Anm. 10 zu § 56 AOG.). Eine solche Betriebslage muß also der Anlaß zur Kündigung sein. Im Anschluß an Mansfeld-Pohl wird richtig anzunehmen sein, daß der Anspruch auf Kündigungswiderruf lediglich ein Individualrecht des Gekündigten ist. „Man kann also bei der Prüfung seines Anspruchs nicht fragen, ob überhaupt die Entlassung von Arbeitern oder Angestellten durch die Verhältnisse des Betriebes bedingt war, sondern ob gerade die Kündigung dieses den Anspruch erhebenden Klägers notwendig, dem Unternehmer also nicht zuzumuten war, bei der Durchführung seiner wirtschaftlich gebotenen Maßnahmen auf die Kündigung gerade dieses Mitarbeiters zu verzichten" (Mansfeld-Komm. Anm. 2e zu § 56 AOG.).

Es ist also davon auszugehen, daß, da auf die Notwendigkeit der Kündigung des einzelnen abzustellen ist, für das freie pflichtgemäße Ermessen des Arbeitsgerichts ein erwünschter und notwendiger Spielraum verbleibt, wobei jedoch zu betonen ist, daß das Gericht zur Nachprüfung nur insoweit befugt sein kann, als es sich darum handelt, festzustellen, ob sich der Unternehmer bei der Kündigung im Rahmen des ihm obliegenden Ermessens gehalten hat. Mansfeld-Pohl stellt dazu folgerichtig fest, daß es, da der Unternehmer die wirtschaftliche Verantwortung für das Gedeihen des Betriebes zu tragen habe, niemals die Aufgabe der Arbeitsgerichte sein könne, die vom Unternehmer getroffenen Maßnahmen auch auf ihre sachliche und wirtschaftliche Zweckmäßigkeit hin einer Prüfung zu unterziehen (zustimmend auch Hueck-Komm. Anm. 10 zu § 56). Deshalb ist auch durchaus dem Urteil des Arbeitsgerichts Hindenburg vom 30. April 1935 (vgl. oben JW.) zuzustimmen, das es ebenfalls allein in die Hand des Unternehmers legt, welche Gefolgschaftsmitglieder er in seinem Betrieb zur Entlassung bringen will. Er ist berechtigt, bei der Auswahl der zu Entlassenden die Leistung der einzelnen Gefolgschaftsmitglieder und das Maß des Vertrauens, das er dem einzelnen entgegenbringt, als Maßstab anzulegen. Selbstverständlich darf er dabei nicht willkürlich, sich bloß auf das formale Kündigungsrecht stützend, vorgehen.

Ausgehend von diesen grundsätzlichen Erörterungen kommt man im vorliegenden Falle zu dem Ergebnis, daß, da die Entlassung unbestritten aus betrieblichen Gründen erfolgte, die Kündigungswiderrufsklage des A unbegründet ist, insonderheit als aus dem Sachverhalt nicht zu entnehmen ist, daß etwa B bei der Kündigung des A willkürlich vorgegangen ist.

Wenn A meint, es hätte einem Arbeitskameraden, für den die Kündigung weniger hart gewesen wäre, gekündigt werden können, so ist diese Behauptung unerheblich; schließlich kann nach obigen Ausführungen das ArbG. nicht als berechtigt angesehen werden, an Stelle des Betriebsführers den für die Entlassung in Frage kommenden Gefolgsmann auszusuchen. Im übrigen ist dazu festzustellen, daß, wenn die Kündigung durch die Verhältnisse des Betriebes bedingt ist, es nicht darauf ankommt, ob die Kündigung eine unbillige Härte darstellt, „denn selbst die härteste Unbilligkeit muß hinter den bitteren Notwendigkeiten des betrieblichen wirtschaftlichen Geschehens zurücktreten" (vgl. JW. 1935, S. 3184).

11. Fall.

Kündigung und Widerrufsklage bei Nichtariern.

Vgl. zu vorl. Fall ArbG. Hanau, Urt. v. 7. Dez. 1934 = JW. 1935, Heft 23/24, S. 1732.

Lösungsangaben:

Es ist davon auszugehen, daß die Kündigung des A nicht durch die Verhältnisse des Betriebes bedingt war. Sofern die Voraussetzungen der „unbilligen Härte" (§ 56 AOG.) gegeben sind, schließt auch die Tatsache, daß A Nichtarier ist, einen Erfolg der Kündigungswiderrufsklage nicht aus.

Zugunsten des A spricht, daß er Frontkämpfer war — auch der Staat nimmt auf die nichtarischen beamteten Frontkämpfer Rücksicht! Weiterhin ist A verheiratet und hat für ein minderjähriges Kind zu sorgen. Schließlich ist auch zu bedenken, daß er als älterer nichtarischer Angestellter nur sehr schwer wieder eine neue Stellung finden könne.

Auch die Tatsache, daß A anstandslos während eines Zeitraumes von vier Monaten (Juli bis Oktober) im nunmehr durch Arier geführten Geschäft in seiner alten Stellung arbeitete, spricht zu seinen Gunsten. Insbesondere aber spielten bei der Kündigung keinerlei geschäftliche Gründe mit, etwa Rückgang des Umsatzes derjenigen Abteilung, in der A beschäftigt war; andernfalls hätte B dem A wohl kaum eine sechsmonatige Kündigungsfrist gewährt. Auch Unverträglichkeit des A oder Differenzen zwischen ihm und den arischen Gefolgschaftsmitgliedern werden nicht behauptet.

Nach allem müßte A mit seiner Kündigungswiderrufsklage Erfolg haben, wobei der Richter allerdings wohl zu beachten haben wird, ob sich das Geschäft, in dem A arbeitete, in einer Klein- oder Großstadt befindet.

12. Fall.

Kündigungsfrist bei stillschweigender Verlängerung des Arbeitsverhältnisses.

Vgl. zu vorl. Fall RArbG., Urt. v. 21. Sept. 1935 = JW. 1936, Heft 3, S. 207 f.

Lösung:

Der zwischen A und B zustandegekommene Arbeitsvertrag (§§ 611 ff. BGB.) war zunächst bis zum 1. Oktober befristet. Durch die stillschweigende Fortsetzung des Arbeitsverhältnisses über diesen Zeitpunkt hinaus gilt es gemäß der Regel des § 625 BGB. als auf unbestimmte Zeit verlängert. Daraus folgt, daß gemäß § 620 Abs. II BGB. die Zulässigkeit der Kündigung nach Maßgabe der §§ 621 ff. BGB. zu bestimmen ist (vgl. auch RGZ. in JW. 1908, S. 138).

Es fragt sich, ob die Anwendung dieser Vorschriften, wie A dies annimmt, um deswillen ausgeschlossen ist, daß die neben dem Endtermin vereinbarte Kündigungsfrist gerade für die Zeit der stillschweigenden Fortsetzung des Arbeitsverhältnisses Geltung haben sollte. Zugunsten des Standpunktes des A spricht zweifellos der Umstand, daß er „zunächst bis zum 1. Oktober" als Schleifer angestellt worden war. Daraus könnte man folgern, daß er bis zu diesem Zeitpunkt unter allen Umständen damit rechnen konnte, beschäftigt zu werden, d. h. daß die Annahme gerechtfertigt erscheint, daß eine Kündigung vor Ablauf dieses Zeitraums vertraglich ausgeschlossen worden sei oder daß ihm wenigstens 14 Tage vor Ablauf dieses Zeitraumes auf das Ende desselben hätte gekündigt werden müssen. Die letzte Auslegung findet jedoch im Gesetz keine Stütze, da § 620 Abs. I BGB. ausdrücklich hervorhebt, daß das Dienstverhältnis erlischt, wenn die Zeit, für die es eingegangen wurde, abgelaufen ist. Eine Kündigung ist also zur Beendigung eines solchen Dienstverhältnisses nicht erforderlich. Es bleibt also nur noch die erste Möglichkeit offen, nämlich die Annahme eines vertraglichen Ausschlusses der Kündigung vor Ablauf der vereinbarten Dienstzeit. Aber auch diese Auslegung der getroffenen Vereinbarung läßt sich nicht halten. Offenbar hat B, als er den A als Schleifer „zunächst bis zum 1. Oktober" anstellte, zwar mit der Möglichkeit gerechnet, wegen eventueller, zu diesem Zeitpunkt noch vorhandener unausgeführter Aufträge, den A noch eine Zeitlang weiterzubeschäftigen, was sich nach unserem Dafürhalten daraus ergibt, daß er ihn „zunächst“ bis zu diesem Zeitpunkt anstellte. Daraus ist aber nicht zu folgern, daß die vereinbarte Kündigungsfrist gerade und nur für den Fall gelten sollte, daß das Arbeitsverhältnis über diesen Zeitpunkt hinaus fortgesetzt werde. Es ist im Gegenteil nach Lage der Umstände wahrscheinlicher, daß damit zum Ausdruck gebracht werden sollte, daß die Kündigungsfrist nur für die vereinbarte Vertragsdauer, und zwar für den Fall gelten sollte, daß während dieser Zeit eine Kündigung durch irgendwelche beim Abschluß des Arbeitsvertrages noch nicht erkennbaren Umstände erforderlich würde (vgl. auch JW. 1936, S. 208). Es ist aber sehr wohl denkbar, daß A der Überzeugung war, daß eine Kündigung vor Ablauf der vereinbarten Vertragsdauer (1. Oktober) nicht möglich sein solle und daß die 14tägige Kündigung tatsächlich nur für den Fall der (stillschweigenden) Fortsetzung des Arbeitsverhältnisses über diesen Zeitpunkt hinaus Gültigkeit besitzen solle. In diesem Falle könnte man, da sich die Parteien über einen Punkt des Vertrages, über den sie sich geeinigt zu haben glauben, in Wahrheit nicht geeinigt haben, einen Dissens nach § 155 BGB. annehmen. Ein Dissens setzt Zweideutigkeit einer Erklärung in der Weise voraus, daß jede Partei irrtumsfrei das erklärt, was sie erklären will, und daß infolge eines wechselseitigen Mißverständnisses ihrer Erklärungen die Parteien einig zu sein glauben, während in Wirklichkeit ihre Willenserklärungen auseinandergehen (vgl. RGZ. 105, 211). Selbst wenn man aber hier einen (zweifelhaften!) Fall des Dissenses annehmen wollte, würde sich nichts an der Rechtsposition des A ändern, denn der Vertrag gilt — wenn auch ohne diesen Punkt — trotzdem als geschlossen, da nicht anzunehmen ist, daß A ihn ohne Vereinbarung über diesen Punkt nicht würde abgeschlossen haben. Dann aber könnte ihm nach Maßgabe der §§ 625, 620 Abs. II, 621 Abs. II BGB. auf den Schluß der Kalenderwoche gekündigt werden, da laut Sachverhalt seine Vergütung nach Wochen bemessen ist.

Aber auch ohne diese, überdies zweifelhafte Konstruktion gelangen wir aus folgenden Erwägungen zum gleichen Schluß:

Wir haben oben festgestellt, daß infolge der Fiktion des § 625 BGB. sich ein nach dem Ablauf der Dienstzeit stillschweigend fortgesetztes Dienstverhältnis in ein auf unbestimmte Zeit verlängertes Dienstverhältnis i. S. des § 620 Abs. II BGB. umwandelt. Diese Umwandlung verändert den bisherigen Vertragsinhalt ohne weiteres insoweit, aber auch nur insoweit, als das auf unbestimmte Zeit geschlossene Dienstverhältnis im Gesetz eine Regelung gefunden hat und nicht für den Fall der Umwandlung besondere vertragliche Abreden zwischen den Parteien getroffen worden sind, was, wie festgestellt, für den vorliegenden Fall nicht anzunehmen ist. Aus der in den §§ 620 Abs. II, 621 BGB. getroffenen gesetzlichen Regelung ergibt sich daher ohne weiteres zwingend, daß die vertraglichen Kündigungsfristen im Falle einer solchen Fortsetzung nicht mehr gelten, während der sonstige Vertragsinhalt unverändert wie bisher gilt; d. h. für die Fortsetzung der vertraglichen Kündigungsfristen bedarf es einer ausdrücklichen Vereinbarung, während die übrigen Vertragsbestimmungen ohne eine ausdrückliche Vereinbarung in Kraft bleiben (vgl. dazu JW. 1936, S. 208).

Daraus folgt, daß die von B gegenüber dem A auf den folgenden Tag ausgesprochene Kündigung, da die Vergütung des A nach Wochen bemessen war, unwirksam war; sie konnte gem. § 621 Abs. II BGB. nur auf das Ende der Woche erfolgen, wobei zu beachten ist, daß sie spätestens am ersten Werktag hätte erklärt werden müssen. Hat B die Kündigung tatsächlich am ersten Werktag ausgesprochen, so kann A lediglich einen Lohnanspruch in Höhe e i n e r Wochenvergütung geltend machen, da die auf einen unzulässigen Termin erfolgte Kündigung als auf den nächstzulässigen erfolgt anzusehen ist (vgl. RGRKomm. Anm. 1 zu § 626 BGB. u. Lö. zu Fall 1). Ist dagegen die Kündigung nicht am ersten Werktag einer Kalenderwoche erfolgt, dann braucht A die Kündigung erst auf den Schluß der folgenden Woche gegen sich gelten zu lassen und besitzt auch den entsprechenden Lohnanspruch.

13. Fall.
Dienste höherer Art und Kündigungsfrist.

Vgl. zu vorl. Fall ArbG. Münster, Urt. v. 2. Nov. 1934 = JW. 1935, Heft 7, S. 557.

Lösungsangaben:

Die A stützt ihren Anspruch auf § 622 BGB., wonach bei Diensten höherer Art das Dienstverhältnis lediglich für den Schluß eines Kalendervierteljahres und nur unter Einhaltung einer Kündigungsfrist von sechs Wochen gekündigt werden kann, auch dann, wenn wie hier, die Vergütung nach kürzeren Zeitabschnitten als Vierteljahren bemessen ist.

Es handelt sich daher lediglich darum, festzustellen, ob die Dienste einer zahnärztlichen Helferin als „Dienste höherer Art" anzusehen sind. Das ArbG. Münster hat dies abgelehnt; die Entscheidung behandelt gleichzeitig das Problem der „Dienste höherer Art" grundsätzlich; sie soll daher, soweit sie interessiert, auszugsweise wiedergegeben werden:

„Als Beispiele nennt das Gesetz ‚Lehrer, Erzieher, Privatbeamte, Gesellschafterinnen'. Vergleicht man die Stellung der Klägerin mit der der genannten Angestellten, so wird man annehmen müssen, daß die zahnärztlichen Helferinnen bisher wenigstens grundsätzlich nicht den genannten Angestellten gleichzustellen sind. Denn der Beruf der zahnärztlichen Helferin erfordert insbesondere keine abgeschlossene Berufsausbildung. Es ist überhaupt keine besonders geartete Vorbildung erforderlich. Auch der Eintritt in die seit einigen Jahren bestehenden Universitätskurse von einjähriger Dauer für zahnärztliche Helferinnen steht jedem jungen Mädchen ohne jede Vorbildung offen.... Die Dienstleistungen der Helferinnen sind ganz mechanische; es handelt sich dabei um Arbeiten, die mit einigem Geschick in verhältnismäßig kurzer Zeit erlernt werden können.... Auch von einer gehobenen sozialen Stellung, wie bei der Gesellschafterin, dürfte in der Regel bei der zahnärztlichen Helferin keine Rede sein.... usw." (Vgl. JW. 1935, S. 557.)

Beachte also: Für die Entscheidung der Frage, dies ergibt sich aus den angeführten arbeitsgerichtlichen Gesichtspunkten, ist allein maßgeblich die Tatsache, ob zur Ausübung des betreffenden Berufes eine allgemeine Vorbildung oder wenigstens spezielle Vorkenntnisse erforderlich sind oder nicht.

14. Fall.

Der Verzicht auf den Tariflohn.

Vgl. RArbG., Urt. v. 13. Juli 1935 = JW. 1935, Heft 45, S. 3177 ff.

Lösung:

I. Im vorliegenden Falle handelt es sich um die vor Inkrafttreten des Gesetzes zur Ordnung der nationalen Arbeit in der Lehre bestrittene, heute aber eindeutig zu lösende Frage der Gültigkeit des Verzichts auf tarifliche Ansprüche. Hierbei sind zwei Fälle zu unterscheiden, der vorherige Verzicht und der nachträgliche Verzicht auf den bereits entstandenen tariflichen Anspruch. Der vorherige Verzicht auf den Tariflohn wurde bereits bisher ganz allgemein auch von der Lehre als unzulässig und unwirksam angesehen, da dadurch der unabdingbare Inhalt des Arbeitsverhältnisses beeinflußt werden könnte, was naturgemäß dem sozialen Schutzzweck der tariflichen Regelung widersprechen würde (vgl. dazu die eingehende Begründung bei Hueck-Nipperdey II, S. 266 ff.). Diese Auffassung gilt selbstverständlich unter der Herrschaft des AOG. in verstärktem Maße.

Im vorliegenden Falle handelt es sich nur um die Frage der Wirksamkeit des Verzichts auf den bereits entstandenen Anspruch auf den Tariflohn. Nach Ansicht der früher vielfach vertretenen Verzichtstheorie kann über einen bereits entstandenen Anspruch ein abstrakter Erlaßvertrag (§ 397 BGB.) gültig abgeschlossen werden, da dadurch der Arbeitsvertrag nicht tarifwidrig geändert werde. Das Tarifrecht sichere nur die Entstehung eines tariflichen Anspruchs, nicht aber die tatsächliche Durchführung und Erfüllung. Diese mehr als formale Ansicht verkennt restlos den wirtschaftlichen und sozialen Zweck des Unabdingbarkeitsgrundsatzes für Tarifnormen; zunächst fehlt bei einem solchen Verzicht regelmäßig ein Verzichtswille des Beschäftigten, da unter normalen Umständen anzunehmen ist, daß ein solcher „Verzicht" nur unter dem Druck der Besorgnis vor Kündigung erfolgt. Dies gilt nicht nur für den Fall, daß der Beschäftigte stillschweigend einen untertariflichen Lohn annimmt, sondern auch für den Fall, daß er ausdrücklich und unter dem Bewußtsein, auf einen ihm rechtlich zustehenden Anspruch zu verzichten, den Verzicht erklärt (vgl. Hueck, Komm. Anm. 208 zu § 32 AOG.).

Es kann jedenfalls heute keinem Zweifel mehr unterliegen, daß der Erlaßvertrag als eine Umgehung des Gesetzes auch dann erscheint, wenn er über bereits entstandene tarifliche Ansprüche abgeschlossen wird; er ist deshalb unter allen Umständen als nichtig anzusehen. Dies ergibt sich aus folgenden vom RArbG. entwickelten Gesichtspunkten:

Die Beantwortung der Frage der Gültigkeit eines solchen Erlaßvertrages hängt ganz wesentlich davon ab, ob der Gesetzgeber Anlaß hatte, über die bisherige Sicherung der Entstehung des tariflichen Anspruchs hinaus sich weiter auch die rechtliche Sicherung seiner tatsächlichen Durchführung angelegen sein zu lassen. Das AOG. selbst hat diese Frage weder in dem einen, noch in dem anderen Sinne entschieden. Falsch scheint uns aber die Folgerung zu sein, die Mansfeld-Pohl (vgl. Mansfeld, Komm. Anm. 11e zu § 32 AOG.) aus dieser Tatsache zieht, wenn er sagt, daß das allgemeine Verbot eines Verzichts auf fällige Tarifansprüche schon im Hinblick auf das Streben nach gütlicher Verständigung in Streitfällen untunlich gewesen wäre. In gewissen, außergewöhnlichen Fällen muß allerdings die Möglichkeit der Zulässigkeit von Erlaßverträgen bejaht werden und zwar dann, wenn die Weiterführung des Betriebes nur erfolgen kann, wenn die Gefolgschaftsmitglieder oder ein Teil derselben auf die Zahlung des vollen Tariflohnes verzichten. Aber auch hier ist große Zurückhaltung am Platze, da es schließlich der Treuhänder in der Hand hat, einzelne Betriebe, bei denen eine derartig starke wirtschaftliche Notlage besteht, vom Geltungsbereich der Tariforduung auszunehmen. Auch erscheint hier der Gesichtspunkt maßgeblich, daß eine Tarifordnung nur erlassen wird, wenn der Schutz der Beschäftigten einer Gruppe von Betrieben die Festsetzung von Mindestbedingungen zur Regelung der Arbeitsverhältnisse zwingend gebietet (§ 32 Abs. II AOG.). Aus der Tatsache, daß die schriftlichen Anordnungen des Treuhänders gemäß § 22 AOG. unter den Schutz von Strafvorschriften gestellt sind und aus der Überlegung, daß der Gesetzgeber zwingend vorschreibt, daß die von der Tarifordnung zur Regelung der Arbeitsverhältnisse erlassenen Anordnungen als Mindestbedingungen anzusehen sind, ergibt sich der Wille des Gesetzgebers, daß er solche tarifliche Ansprüche nicht nur ihrer Entstehung, sondern auch ihrer Durchführung nach rechtlich sichern und spätere Verzichtsverträge für unzulässig erklären wollte (vgl. aber unten II). Diese Ansicht rechtfertigt sich eindeutig auch daraus, daß die tariflichen Anordnungen erst nach objektiver und sachverständiger Prüfung erlassen werden.

Schließlich erscheint uns zur Begründung dieser Stellungnahme auch noch der reichsarbeitsgerichtliche Hinweis wichtig, daß die Anordnungen des Treuhänders, dies ergibt sich aus ihrem strafrechtlichen Schutz, autoritativen Charakters sind, der es, samt dem Umstand, daß Mindestlohnfestsetzungen des Treuhänders zum Schutze der Beschäftigten einer Gruppe von Betrieben ergehen, verbietet, eine Durchkreuzung dieser Anordnungen durch Vereinbarungen des einzelnen Unternehmers mit seinen Beschäftigten in Form von Erlaßverträgen zuzulassen.

Diese Erwägungen müssen auch gelten, wenn es sich, wie im vorliegenden Falle, darum handelt, daß der Tariflohnanspruch des A nicht auf Grund einer Tarifordnung, sondern auf Grund eines — unbestritten gültigen — Tarifvertrages entstanden ist, denn gemäß der Anordnung des RArbMin. vom 28. März 1934 (RArbBl. I, 1934, S. 85) über die Weitergeltung von Tarifverträgen als Tarifordnung, gelten alle am 1. Dezember 1933 in Kraft befindlichen Tarifverträge unverändert als Tarifordnungen weiter bis der Treuhänder (oder ein Sondertreuhänder) ihren Ablauf anordnet. Hat der Treuhänder, wie das im vorliegenden Falle anzunehmen ist, von dieser Befugnis keinen Gebrauch gemacht, so hat er damit die Verantwortung für den weiterhin geltenden Tarifvertrag wie für eine von ihm erlassene Tarifordnung übernommen, so daß obige Grundsätze unumschränkt für alle diese Fälle Gültigkeit besitzen (so auch RArbG. in JW. 1935, S. 3178).

A konnte demgemäß nicht wirksam auf seine fälligen Tariflohnansprüche verzichten; der Erlaßvertrag ist vielmehr nach § 134 BGB. nichtig.

(Eine Verwirkung — vgl. Lö. zu Fall 18 — kommt im Hinblick auf den kurzen Zeitraum, der zwischen der Entstehung der tariflichen Ansprüche und der Erhebung der Klage liegt, nicht in Frage.)

II. Ja! Die Unzulässigkeit von Erlaßverträgen über verdienten Tariflohn ist auch nach Ansicht des RArbG. nur für diejenigen Fälle anzunehmen, in denen der Verzichtende noch im Arbeitsverhältnis steht. Die oben herausgestellten Gesichtspunkte können hier keine Rolle mehr spielen. Durch einen nach Beendigung des Arbeitsverhältnisses abgeschlossenen Erlaßvertrag werden die rechtlich geschützten Interessen der Gruppengemeinschaft nicht mehr berührt; es handelt sich jetzt vielmehr lediglich noch um einen der ausschließlichen Verfügungsmacht des Anspruchinhabers unterliegenden (rein schuldrechtlichen) Anspruch, wozu noch kommt, daß der Arbeitnehmer zu diesem Zeitpunkt nicht mehr unter wirtschaftlichem Druck steht (vgl. dazu Franke in JW. 1935, S. 3179 u. Nipperdey, ArbRSamm. 24, 98).

15. Fall.

Die untertarifliche Entlohnung und der Tarifverzicht.

Vgl. zu vorl. Fall RArbG., Urt. v. 1. Juni 1935 = JW. 1935, Heft 45, S. 3179 f.

Lösungsangaben:

In bezug auf die Möglichkeit eines Verzichts auf den Tariflohn vgl. die Ausführungen zum vorhergehenden Fall. Hier handelt es sich lediglich um folgende Frage: Liegt darin, daß A, entsprechend der mit B, X und Y getroffenen Vereinbarung, sämtliche Bedienungszuschläge seines gesamten persönlichen Umsatzes in eine gemeinsame Kasse, aus der alle drei gleichhohe Anteile erhielten, einbrachte, ein unzulässiger Verzicht auf den Tariflohn?

Diese Frage ist unzweifelhaft zu bejahen. Es steht fest, daß A einen tariflichen — und damit unabdingbaren — Anspruch auf ein Bedienungsgeld von 10% hatte, das er letzten Endes nicht erhalten hat. Man könnte zwar einwenden, er habe zunächst ja tatsächlich die jeweiligen 10% Bedienungsgeld empfangen und es nur nachträglich und freiwillig in den Tronk eingebracht, also zugunsten eines anderen Arbeitskameraden abgegeben. Darauf kann es aber nicht ankommen, denn zu dem Einbringen in den Tronk fühlte er sich durch die getroffene vertragliche Vereinbarung verpflichtet. Weiterhin kann es nicht darauf ankommen, daß die dem Kellner entgangenen Beträge nicht unmittelbar dem Wirt, sondern dem anderen Kellner und dem Zapfer zuflossen. So führt das RArbG. in oben zitierter Entscheidung u. a. aus:

„Überdies kamen diese Beträge doch mittelbar dem Beklagten (B) zugute, weil ihm auf diese Weise seine Lohnzahlungspflicht gegenüber dem Zapfer erleichtert wurde. Es handelt sich hierbei nicht um Abzüge vom Lohn, die der Arbeitgeber im Einvernehmen mit dem Arbeitnehmer macht, um daraus für diesen Zahlungen irgendwelcher Art zu leisten, wie etwa freiwillige Beiträge zur Arbeitsbeschaffung .... usw. In Fällen dieser Art bleibt der Lohn an sich ungeschmälert, es werden nur aus dem Lohn Zahlungen für den Arbeitnehmer geleistet. Im vorliegenden Fall war die Lohnforderung selbst von vornherein um die streitigen Beträge geringer als tariflich vorgeschrieben. Der Verstoß .... wird auch nicht dadurch aus der Welt geschafft, daß durch die gleichmäßige Verteilung des im Tronk angesammelten Betrages unter die drei Angestellten Ungleichheiten der Entlohnung ausgeglichen wurden, die sich aus bloßen Zufälligkeiten ergeben mußten, wie aus der Beschäftigung eines Kellners in der Hauptgeschäftzeit .... usw., denn der Tarifvertrag (Tarifordnung) will jedem einzelnen Kellner die vollen 10% Bedienungsgeld auf die von ihm kassierten Zechen sichern."

Daraus ergibt sich, daß A die Differenz zwischen dem tatsächlich empfangenen und dem ihm tariflich zustehenden Lohn für die Monate April, Mai und Juni 1936 von B verlangen kann.

16. Fall.

Die Ausgleichsquittung.

Lösung:

Auch im vorliegenden Falle handelt es sich um das Problem des Tarifverzichts (vgl. Lö. zu Fall 14).

Im vorliegenden Sachverhalt sind zwei Fälle zu unterscheiden, nämlich die Frage der Gültigkeit der sog. Ausgleichsquittungen, die bei jeder Lohnzahlung ausgestellt werden, und die der Gültigkeit der bei endgültigem Ausscheiden aus der Betriebsgemeinschaft ausgestellten Quittungen.

Zum ersten Fall:

Es ist zwar in vielen Großbetrieben üblich, daß sich die Betriebsführung bei der Lohnzahlung von ihren Arbeitern Bescheinigungen unterschreiben läßt, des Inhalts, daß dem betreffenden Arbeiter keinerlei Ansprüche mehr gegen den Unternehmer zustehen. Die rechtliche Bedeutung einer solchen sog. Ausgleichsquittung ist zweifelhaft. Keinesfalls stellt sie sich aber als Erlaßvertrag (§ 397 BGB.) dar, in dem der Arbeiter auf alle ihm etwa noch gegen den Unternehmer zustehenden Ansprüche verzichtet. Dies gilt nicht nur in Ansehung der tariflichen Ansprüche, auf die der Arbeiter ohnehin während der Dauer des Arbeitsverhältnisses wirksam nicht verzichten kann, sondern auch in Ansehung aller übrigen Ansprüche. Man kann unter normalen Umständen nicht annehmen, daß der Arbeiter beim Unterschreiben eines solchen Vordrucks sich überhaupt bewußt wird, daß er damit auf alle ihm rechtlich zustehenden Ansprüche verzichte; vielmehr ist anzunehmen, da er die Quittung beim Lohnempfang unterschreibt, daß er die Erklärung dahin versteht, daß er seinen Lohn ordnungsmäßig empfangen habe. Aber selbst im letzten Fall dürfte außerordentliche Vorsicht am Platze sein, ehe man hierin einen vollwirksamen Verzicht auf etwa in Wirklichkeit nicht empfangene Lohnteile erblicken kann. Abgesehen von der auch hier offen zu haltenden Möglichkeit einer Anfechtung (§ 119 BGB.) dieser Erklärung, wird man nur annehmen können, daß eine solche Ausgleichsquittung lediglich die Vermutung begründet, daß der Arbeiter alles, was ihm zusteht, empfangen habe. Der Gegenbeweis ist also jederzeit möglich.

Das Ergebnis erscheint um so gerechtfertigter, als in vielen Fällen dem Arbeiter beim Ausstellen einer solchen förmlichen Quittung das Vorhandensein weiterer Ansprüche gar nicht bekannt ist; auf solche, ihm unbekannte Ansprüche kann er naturgemäß auch nicht wirksam verzichten.

Es stellen sich daher die von den Arbeitern bei jeder Lohnzahlung ausgestellten Ausgleichsquittungen weder in Ansehung tariflicher noch auch nichttariflicher Ansprüche als Erlaßverträge dar, die, sofern es sich um Tarifansprüche handelt, ohnehin wegen der Unabdingbarkeit derselben nichtig wären. Auch eventuelle Betriebsnotwendigkeiten, Erleichterung und Vereinfachung der Übersicht über die vorhandenen Forderungen der Gefolgschaftsmitglieder können in Anbetracht der oben aufgezeigten Umstände keinen Anlaß zu einer anderen Beurteilung bieten.

Zum zweiten Fall:

Das Ausstellen einer Ausgleichquittung nach oder beim Ausscheiden aus der Betriebsgemeinschaft dürfte man dagegen, auch insoweit es sich um tarifliche Ansprüche handelt, durchaus als gültigen Erlaßvertrag (§ 397 BGB.) auffassen können, soweit es sich um Ansprüche handelt, die dem Verzichtenden bekannt sind (vgl. insbesondere die in Lö. zu Fall 14 gemachten Ausführungen).

17. Fall.

Der Tariflohnanspruch des im Geschäft der Frau tätigen Ehemannes.

Vgl. zu vorl. Fall RArbG., Urt. v. 13. März 1935 = JW. 1935, Heft 31, S. 2221.

Lösungsangaben:

Bei der Frage nach der Begründetheit des Tariflohnanspruchs des A kommt es entscheidend darauf an, ob er die Dienste im Geschäft seiner Ehefrau im Rahmen eines reinen Dienstvertragsverhältnisses oder lediglich in Verfolg seiner familienrechtlichen Bindung leistete; hierbei ist jedoch zu beachten, daß die familienrechtliche Bindung u. U. nur bei der Fixierung der Bedingungen des im übrigen durchaus als Dienstvertrag aufgefaßten Verhältnisses ausschlaggebend war. Die Tatsache, daß A infolge seiner ehemännischen Stellung in einer mehr oder minder einflußreichen Position zur Geschäftsinhaberin stand, schließt allein die Annahme eines Dienstvertrages keineswegs aus. Da nach § 611 Abs. II BGB. Gegenstand des Dienstvertrages Dienste jeder Art sein können, so könnte die Tätigkeit des A sehr wohl auch in der bloßen Beratung und Stützung der Geschäftsinhaberin bestehen. Der Sachverhalt verlautet jedoch ausdrücklich, daß die Leitung des Geschäftes „in jeder Weise" der geschäftlich gewandten Ehefrau des A zustand und daß dieser selbst lediglich als Verkäufer tätig war. Mit anderen Worten heißt das, daß A nicht mehr imstande war aus eigener Initiative geschäftliche Dispositionen zu treffen. Wäre dies noch der Fall gewesen, so läge es u. U. nahe, die Übertragung des Geschäftes auf die Ehefrau als nichtiges Scheingeschäft zu betrachten (§ 117 BGB.; vgl. auch Lö. zu Fall 27). Da mithin der Ehemann nicht Geschäftsinhaber war, kann er seine Dienste entweder als Angestellter oder lediglich auf Grund seiner ehelichen Beziehungen zu der Geschäftsinhaberin leisten. Es sprechen jedoch folgende Gründe für das Vorliegen eines Dienstverhältnisses:

Einmal war A schon nach der Übernahme des Geschäftes durch seinen Schwiegervater als Angestellter tätig; an dieser Stellung (Verkäufer) hat sich auch nach dem Übergang des Geschäftes auf seine Ehefrau nichts geändert. Weiterhin bezieht er ein auf eine bestimmte Summe festgesetztes monatliches Gehalt. Die geringe Höhe desselben hindert die Annahme eines Dienstvertrages nicht, da die beklagte Geschäftsinhaberin sich selbst nicht darauf beruft, daß sich dieser

Umstand etwa aus dem bestehenden nahen familienrechtlichen Verhältnis, insbesondere aus ihrer Unterhaltspflicht (§ 1360 Abs. II BGB.) ergebe, sondern sich aus dem beschränkten Umfange des Geschäftes erkläre. Daß A nicht das gesamte vereinbarte monatliche Entgelt, sondern nur einen geringen Teil desselben in bar erhielt, ist nicht gleichzusetzen mit dem Fall der bloßen Taschengeldgewährung (vgl. Lö. zu Fall 27), in welchem Falle allerdings die Dienstleistung des Ehemannes als auf der familienrechtlichen Bindung beruhend angesehen werden müßte (vgl. RArbG. in JW. 1934, S. 2726).

Ausgehend von der Annahme eines Dienstvertrages, untersuchen wir, ob die untertarifliche Lohnvereinbarung den guten Sitten widerspricht und damit nichtig ist (§ 138 BGB.). Dies wäre nur dann der Fall, wenn dem A das niedrige Gehalt nur deshalb gezahlt worden wäre, damit sich etwaige Gläubiger nicht an ihn halten könnten. Da einerseits aber das Vorliegen solcher Momente aus dem Sachverhalt nicht zu entnehmen ist, andererseits aber die Frage der Sittenwidrigkeit der Lohnvereinbarung nur bei Annahme eines familienrechtlichen Verhältnisses aktuell würde, bleibt lediglich die Lösung übrig, wegen des in § 32 Abs. II S. 2 AOG. verankerten Unabdingbarkeitsgrundsatzes, dem A den Anspruch auf die verlangte tarifliche Entlöhnung zuzusprechen. Daß dadurch u. U. die Geschäftsunkosten der Inhaberin erheblich anwachsen, vermag an diesem Ergebnis nichts zu ändern.

18. Fall.

Das Arbeitsverhältnis bei mangelndem Arbeitsvertrag. Die Verwirkung des Lohnanspruches.

Lösung:

I. Zunächst ist zu untersuchen, ob zwischen A und B ein gültiger Arbeitsvertrag, der die Rechtsgrundlage des Arbeitsverhältnisses bildet, zustandegekommen ist. Der Arbeitsvertrag, der sich seinem rechtlichen Inhalt nach als Dienstvertrag i. S. der §§ 611 ff. BGB. darstellt, bei dem sich der Dienstverpflichtete in persönliche Abhängigkeit vom Dienstberechtigten begibt und der durch den Gedanken gegenseitiger Treue gekennzeichnet ist, bedarf, wie jeder Vertrag, zu seinem Zustandekommen einer gültigen Einigung der vertragsschließenden Parteien über den Vertragsinhalt (§§ 145 ff. BGB.). Da A wegen Geistesschwäche entmündigt ist, steht er in Ansehung der Geschäftsfähigkeit den Minderjährigen des § 107 BGB. gleich (§ 114 BGB.), bedarf also zu einer Willenserklärung, durch die er — wie hier — nicht lediglich einen rechtlichen Vorteil erlangt, der Einwilligung seines gesetzlichen Vertreters. Da eine solche offenbar bei Abschluß des Arbeitsvertrages nicht vorgelegen hat, ist tatsächlich ein gültiger Arbeitsvertrag zwischen A und B nicht zustandegekommen, da der Sachverhalt auch nichts darüber verlautbart, daß etwa der gesetzliche Vertreter des A den zunächst nur schwebend unwirksamen Arbeitsvertrag nach § 108 Abs. I BGB. genehmigt hätte.

(Unberücksichtigt soll weiter bleiben die Bestimmung des § 113 BGB., die ebenfalls zur gültigen Eingehung eines Arbeitsverhältnisses die Erlaubnis des gesetzlichen Vertreters voraussetzt, die allerdings, wenn sie einmal erteilt ist, grundsätzlich für alle künftigen Abschlüsse von Arbeitsverträgen Gültigkeit besitzt.)

Da demnach ein gültiger Arbeitsvertrag nicht besteht, ein solcher aber, wie oben bereits festgestellt wurde, die Grundlage des Arbeitsverhältnisses ist, könnte sich ein Anspruch des A lediglich nach Maßgabe der Vorschriften über die ungerechtfertigte Bereicherung (§§ 812 ff. BGB.) richten. Bei formaler Zugrundelegung dieser Vorschriften könnte u. U. der Vergütungsanspruch des A sehr wohl mit einer Stundenentlöhnung von 0.60 *RM* abgegolten sein. Dieses Ergebnis erscheint jedoch nicht gerechtfertigt.

Bei der Lohnfestsetzung in der Tarifordnung handelt es sich um eine sog. Inhaltsnorm (über den Begriff vgl. RArbG. BenshS. 13, 66; 9, 473 u. Hueck-Nipperdey II, S. 87 Anm. 96 c). Für solche Inhaltsnormen ist aber im Gegensatz zu Dersch (Dersch, Komm. S. 209), Nikisch (Nikisch, S. 59) und Potthoff (Potthoff, S. 32) zu fordern, daß das Arbeitsverhältnis, dessen Inhalt bestimmt wird, rechtswirksam ist, wenn die betreffende Inhaltsnorm ebenfalls Rechtswirksamkeit besitzen soll. Da im vorliegenden Fall von einem „Lohnwucher" nicht die Rede sein kann (darüber vgl. RArbG. BenshS. 14, 456), ist auch nicht die Möglichkeit gegeben, die dadurch herbeigeführte Nichtigkeit auf diese Weise zu heilen, daß nunmehr die Tarifbestimmungen einsetzen, wie das ausnahmsweise in einem solchen Falle vom RArbG. und von Hueck (vgl. Hueck, Komm. Anm. 9 zu § 30 und Anm. 152 zu § 32 AOG.) bejaht wird. Jedoch wird man, um Unbilligkeiten, die sich aus diesem Standpunkt ergeben könnten, zu vermeiden, fordern müssen, daß der Anspruch, der dem Beschäftigten aus ungerechtfertigter Bereicherung gewährt wird, sich nach der Lohnbestimmung der Tarifordnung richtet.

Damit wäre trotz mangelndem Arbeitsvertrag dem A ein Stundenlohn von 0.90 *RM* zuzubilligen.

II. Zunächst sei in bezug auf den zweiten Einwand des B festgestellt, daß er nicht die Verjährungseinrede — die überdies unbegründet wäre (vgl. §§ 194, 196 Ziff. 9 BGB.) — geltend macht. Vielmehr beruft sich B darauf, daß A seine Ansprüche auf Zahlung der tarifmäßigen Differenz „verwirkt" habe. Die Verwirkung beseitigt den Rechtsanspruch als solchen und stützt sich allein auf die Nichtgeltendmachung des Anspruchs; sie ist im Gesetz selbst nicht geregelt, vielmehr ist sie ein Ergebnis der Rechtsprechung. Ihre Grundlage findet sie in dem deutschrechtlichen Gedanken der Verschweigung, woraus sich die Folge ableitet, daß der Gläubiger die Geltendmachung seiner Ansprüche nicht in einer Treu und Glauben zuwiderlaufenden Weise verzögern darf. Ein Verstoß gegen Treu und Glauben (§§ 157, 242 BGB.) ist dann anzunehmen, wenn das frühere Verhalten des Forderungsberechtigten den Schluß rechtfertigt, daß er das Recht nicht geltend machen werde. Eine solche Rechtsverwirkung kann auch vorliegen, wenn der Gläubiger sein Recht gar nicht kannte, diese Kenntnis ihm aber offenbar zuzumuten war (vgl. Hueck, Komm. Anm. 220 zu § 32 AOG.). Die Annahme der Möglichkeit der Verwirkung von Tariflohnansprüchen widerspricht auch nicht der Unzulässigkeit des Tariflohnverzichts (vgl. RArbG. 16, 35). So führt auch das LArbG. Berlin in einem Urteil vom 3. Februar 1936 (= Arbeitsrechtsprechung, Blätter für Arbeits-, Wirtschafts- und Steuerrecht, Berlin 1936, Heft 6, S. 83) u. a. aus: „Die Verwirkung ist darum anzuerkennen. Sie tritt jedoch nicht ein, wenn der Beschäftigte aus berechtigter Furcht vor Entlassung geschwiegen hat, und sie hat immer dann auszuscheiden, wenn tarifliche Bestimmungen bewußt nicht zur Anwendung gebracht werden." Man wird jedoch eine Verwirkung eines Tariflohnanspruchs für alle diejenigen Fälle verneinen müssen, in denen der Unternehmer von dem Bestehen des Anspruchs (zumutbar) wissen konnte, was in aller Regel anzunehmen sein wird. Damit dürfte auch im vorliegenden Falle die Annahme einer Verwirkung der Ansprüche des A nicht gerechtfertigt erscheinen, trotzdem sie, wie festgestellt, nur „mittelbar" tarifliche Ansprüche sind!

Merke: Dem Institut der Verwirkung kommt heute, im Gegensatz zu früher, keine große Bedeutung mehr zu, da heute der Unternehmer regelmäßig von dem Bestehen von Tarifansprüchen wissen muß. Früher lag ein möglicher Fall einer Verwirkung insbesondere dann vor, wenn bei einem nicht für allgemeinverbindlich erklärten Tarifvertrag der Arbeitnehmer seine Gewerkschaftszugehörigkeit und seine dadurch entstandenen Tarifansprüche dem Arbeitgeber nicht mitteilte.

19. Fall.

Die Überschreitung der tariflichen Arbeitszeit.

Lösung:

Es fragt sich, ob der zwischen A und B abgeschlossene Arbeitsvertrag als gültig angesehen werden kann, nachdem eine übertarifliche Höchstarbeitszeit von neun Tagesarbeitsstunden vereinbart wurde. Hier taucht die Frage auf, ob in diesem Falle (die Vereinbarung wurde trotz bereits bestehender Tarifordnung getroffen) die gleichen Grundsätze Anwendung finden müssen, die für den Fall Gültigkeit besitzen, daß zeitlich nach der Einzelvereinbarung eine Tarifordnung erlassen wird, die bessere (als einzelvertraglich vereinbarte) Mindestbedingungen schafft. Da die Tarifnormen grundsätzlich zwingend sind, setzen sie widersprechende Abreden außer Kraft, treten jedoch nicht zugleich an ihre Stelle in dem Sinne, daß sie etwa Inhalt des Arbeitsvertrages werden, wie das früher — und auch noch heute — vielfach vertreten wurde (vgl. dazu Lö. zu Fall 18). Diese Auffassung entsprach keinesfalls dem Sinn und dem Zweck des Tarifvertrags (vgl. Hueck-Nipperdey II, S. 233 ff.) und fand auch im Gesetz keine Stütze. Dies gilt heute in erhöhtem Maße, denn die Tarifordnung enthält Rechtsnormen, die unmittelbar und zwingend auf die Arbeitsverhältnisse einwirken. Es ist aber unbestritten, daß die positiv zwingenden Vorschriften der Gesetze nicht etwa Inhalt der Parteivereinbarungen — auch nicht fiktiv — werden. „Sie beherrschen vielmehr die Vertragsverhältnisse unmittelbar und verdrängen die entgegenstehenden Abreden. Sie bleiben allein in der Ebene des Gesetzesrechts" (vgl. Mansfeld, Komm. S. 376 und Hueck, Komm. Anm. 168 zu § 32 AOG.).

Ausgehend von der Richtigkeit dieser Ansicht, taucht die Frage auf, ob etwa der zwischen A und B über eine neunstündige Tagesarbeitszeit zustandegekommene Vertrag nichtig ist, weil er eine den Bestimmungen der Tarifordnung über die Höhe der täglichen Arbeitszeit zuwiderlaufende Regelung trifft. Hierzu ist zunächst festzustellen, daß die oben festgestellte Einwirkung der Tarifordnung auf die ihrer Regelung unterfallenden Arbeitsverhältnisse ohne Rücksicht darauf Platz greift, ob die tarifwidrige vertragliche Regelung bereits vor oder erst nach Erlaß der Tarifordnung getroffen wurde (so richtig Hueck, Komm. Anm. 169 zu § 32 AOG.).

Es hätte also der Arbeiter A nach der Tarifordnung von vornherein nur sieben Stunden am Tag zu arbeiten brauchen. Es fragt sich jedoch, ob die tarifliche Anordnung einer siebenstündigen Tagesarbeitszeit eine unabdingbare Mindestbedingung i. S. des § 32 Abs. II, S. 2 AOG. ist. Dies ist zu bejahen. Der Treuhänder hat für den betreffenden Zechenbetrieb offenbar mit Rücksicht auf die hier besonders große Gesundheitsschädlichkeit der Arbeit eine nur siebenstündige Tagesarbeitszeit zwingend vorschreiben wollen. Auf diesen Schutz aber kann der Arbeiter selbst dann nicht wirksam verzichten, wenn er sich freiwillig — ja vielleicht sogar im Hinblick auf Mehrverdienst — zu einer Mehrleistung verpflichten wollte, was jedoch im vorliegenden Falle, dies ergibt sich aus seinem späteren Verhalten, nicht der Grund für die Eingehung dieser Mehrleistungsverpflichtung seitens des A gewesen sein dürfte. Es ist daher die Eingehung dieser Verpflichtung genau so anzusehen, als habe der Arbeiter auf den ihm durch die Arbeitszeitbestimmung der Tarifordnung (zwingend!) gewährten Schutz verzichten wollen. Ein solcher Verzicht ist aber nach den zu den Fällen 14, 15 und 16 gemachten Ausführungen unzulässig und unwirksam, da er den sozialen, auch im Allgemeininteresse liegenden Zweck der betr. Tarifordnung zunichte machen würde.

Damit ist die Vereinbarung der höheren als der tariflich vorgeschriebenen Arbeitszeit nichtig. Es taucht daher die Frage auf, ob dann nicht der ganze Arbeitsvertrag (§ 139 BGB.) nichtig ist. Dies ist unter allen Umständen abzulehnen, da sich dann jeder Unternehmer und jeder Arbeitnehmer darauf berufen könnte, er hätte den Arbeitsvertrag nicht abgeschlossen, hätte er gewußt, daß die einer bestehenden oder künftigen Tarifordnung widersprechenden Vertragsvereinbarungen nichtig wären. Hier soll ja gerade der Schutz der Tarifnormen einsetzen, der wenigstens in bezug auf Inhaltsnormen illusorisch würde, wollte man in allen diesen Fällen, wie in dem hier vorliegenden, Nichtigkeit des Arbeitsvertrages annehmen. Es kann also keineswegs, wie das Potthoff (Potthoff S. 31) in solchen Fällen annimmt, sowohl dem Unternehmer wie dem Beschäftigten der Nachweis offen stehen, daß die nichtige Abmachung wesentliche Bedeutung für den Vertrag hat, er ohne diese nichtige Klausel den Vertrag nicht geschlossen hätte; für den Fall des Gelingens dieses Nachweises wäre nach der zweifellos abwegigen Ansicht Potthoffs der ganze Vertrag nichtig, und zwar rückwirkend.

Der Unternehmer B ist daher sowohl an den übrigen Inhalt des Vertrages, als auch, auf Grund der zwingenden Wirkung der Tariffordnung, an die siebenstündige Arbeitszeit gebunden. Er hätte also lediglich die Möglichkeit, den Vertrag unter Einhaltung der ordentlichen Kündigungsfrist zu kündigen, wobei jedoch zu beachten ist, ob die lediglich auf diesen Gesichtspunkt gestützte Kündigung nicht wegen Verstoßes gegen die guten Sitten nichtig ist (vgl. Lö. zu Fall 7).

20. Fall.

Die Tarifkonkurrenz.

Lösung:

Zunächst ist festzustellen, daß es infolge der Bestimmung des § 33 Abs. I S. 1 AOG. rechtlich möglich ist, daß ein Treuhänder eine Tarifordnung erläßt, deren Geltungsbereich sich auch auf unwesentliche Gebietsteile eines oder mehrerer benachbarter Treuhänderbezirke erstrecken kann. Die Möglichkeit im Einzelfall einmal über den eigenen Treuhänderbezirk (vgl. § 18 AOG. i. V. m. DVO. I vom 1. März 1934) hinauszugehen, wurde dem Treuhänder für den Fall eingeräumt, um eine einheitliche Regelung für ein zusammenhängendes, über seinen eigenen Bezirk hinausgehendes Wirtschaftsgebiet zu erzielen; ist eine wesentliche Überschreitung zu diesem Zweck notwendig, dann muß ein Sondertreuhänder bestellt werden.

Für vorliegenden Fall soll unterstellt werden, daß die Überschreitung der Grenzen des Treuhänderbezirks A nur eine unwesentliche ist (ansonsten hätte ein Sondertreuhänder die unter allen Umständen vorgehende Regelung treffen müssen), so daß insoweit — wegen mangelnder örtlicher Zuständigkeit — keine Nichtigkeit der Anordnung gegeben ist. Nach Erlaß der ebenfalls Stundenlohnbestimmungen für Schlosser treffenden zweiten Tarifordnung durch den Treuhänder des Treuhänderbezirkes B konkurrieren zwei Tarifordnungen miteinander, und zwar liegt hier eine echte Tarifnormenkollission vor (vgl. Mansfeld, Komm. Anm. V zu § 32), da die beiden Tarifordnungen inhaltlich im Widerspruch zueinander stehen. Für die Lösung einer solchen Tarifkonkurrenz gilt der Grundsatz der Tarifeinheit, d. h. auf dasselbe Arbeitsverhältnis kann nur eine Tarifordnung in Frage kommen (abgesehen von dem Fall der Ergänzung; darüber vgl. Mansfeld, Komm. Anm. V zu § 32 und Hueck, Komm. Anm. 224 zu § 32 AOG.).

Die Frage, welche von zwei für den gleichen Bezirk erlassenen Tarifordnungen gilt, regelt sich grundsätzlich danach, daß dem örtlich zuständigen Treuhänder die primäre Zuständigkeit zusteht, während die Zuständigkeit für Exklaven oder Enklaven nur eine subsidiäre ist. Die Lösung, die Mansfeld-Pohl (Mansfeld, Komm. Anm. V zu § 32 AOG.) für diesen Fall vorschlägt, daß nämlich diejenige Tarifordnung im Einzelfall den Vorrang verdient, die die meisten Arbeitsverhältnisse ergreift, erscheint willkürlich und beachtet die örtlichen Zuständigkeitsvorschriften überhaupt nicht. Willkürlich ist es auch, etwa anzunehmen, daß ipso iure der früher erlassenen Tarifordnung der Vorzug zu geben sei.

Einzig und allein überzeugend scheint uns der Hinweis Huecks zu sein, wonach die (unwesentliche) Überschreitung offenbar nur um deswillen in Kauf genommen wird, wenn und insoweit sie zur Regelung der Arbeitsbedingungen in den Exklaven notwendig erscheint. Ist das nicht der Fall, so muß naturgemäß die Tarifordnung des zuständigen Treuhänders vorgehen (vgl. darüber Hueck, Komm. Anm. 231 zu § 32 AOG.). Im Interesse einer dem Einzelfall gerecht werdenden Lösung erscheint es jedoch wichtig, darauf hinzuweisen, daß ein für die Beurteilung ausschlaggebendes Kriterium sicher auch darin erblickt werden muß, daß unter normalen Umständen der Tarifordnung des örtlich zuständigen Treuhänders deshalb der Vorzug zu geben ist, weil sie, zumal wenn sie später als die des Nachbartreuhänders erlassen ist, die Betriebs- und Wirtschaftsverhältnisse ihres eigenen Bezirks — wegen zu präsumierender genauerer Kenntnis des zuständigen Treuhänders — besser berücksichtigen wird.

Für die Schlosser des Treuhänderbezirkes B gilt also seit

dem Inkrafttreten der Tarifordnung des örtlich zuständigen Treuhänders ein Stundenlohn von 0.90 *RM*.

Merke: Abgesehen von dem behandelten Fall, gilt folgendes:
a) Die betrieblich engere geht der betrieblich weiteren Tarifordnung vor;
b) bei gleichem betrieblichen Geltungsbereich geht der räumlich engere dem räumlich weiteren Tarif vor.

21. Fall.

Der Anspruch auf den Tariflohn des Arbeitsplatzes.

Vgl. zu vorl. Fall RArbG., Urt. v. 20. Juli 1935 = JW. 1935, Heft 51/52, S. 3662 f.

Lösung:

Es handelt sich darum, festzustellen, ob der zwischen A und B zustandegekommene Arbeitsvertrag unter den räumlichen Geltungsbereich der vom Treuhänder des Bezirkes X oder von dem des Bezirkes Y erlassenen Tarifordnung fällt. Zunächst sei festgestellt, daß beide Tarifordnungen sachlich die gleichen Beschäftigungsgruppen erfassen.

Grundsätzlich muß die Betriebsstätte des Unternehmers im Tarifgebiet liegen. Ist dies nicht der Fall, dann greift die Tarifwirkung nicht ein. Dies muß grundsätzlich auch Gültigkeit besitzen für die Fälle vereinbarter Außenarbeit, d. h. solcher Arbeit, die außerhalb der Betriebsstätte zu leisten ist. Dies ergibt sich daraus, daß die Tarifordnung für die Betriebe erlassen wird. Hueck nimmt dies auch dann an (vgl. Hueck, Komm. Anm 155 zu § 32 AOG.), wenn der Beschäftigte von vornherein ausschließlich für Arbeiten außerhalb des Betriebssitzes angenommen wird. Nur für den Fall, daß die Ausführung von Arbeiten von einer örtlich außerhalb des Tarifgebiets liegenden selbständigen Betriebsstätte des Unternehmers aus erfolgt, soll der für diese Betriebsstätte gültige Tarif maßgeblich sein. Dieser Ansicht ist zwar grundsätzlich beizupflichten. Auch für das Baugewerbe sind regelmäßig keine anderen Gesichtspunkte ausschlaggebend.

In einer Reihe von Entscheidungen hat das RArbG. (vgl. RArbG. in ArbRSamml. 6, 547; 18, 101; 23, 232 und

Urt. vom 6. Juli 1935 = RAG. 53, 35) jedoch den Standpunkt vertreten, daß dann, wenn ein Bauarbeiter vom Unternehmer an einen außerhalb derjenigen Betriebsstätte, für die er eingestellt wurde, liegenden Ort „verschickt" wird, der Arbeiter Anspruch auf den etwa für den Entsendungsort maßgeblichen höheren Tariflohn hat und umgekehrt, daß er den Lohnanspruch gemäß dem Tarif des Einstellungsortes hat, wenn dieser höher ist. Die letzte Ansicht beruht auf dem Gesichtspunkt, daß dem vorübergehend auf eine andere Baustelle entsandten Arbeiter als Ausgleich für die dadurch entstehenden Mehrkosten der höhere Lohnsatz seines gewöhnlichen Arbeitsplatzes erhalten bleiben soll.

Im vorliegenden Fall aber handelt es sich darum, daß A von vornherein als Maurerpolier für den Bau von Siedlungshäusern in Y und nur für die Dauer der dortigen Arbeiten eingestellt wurde. Es steht außer Frage, daß in diesem Falle von einem „Verschicken" nicht gesprochen werden kann, denn A wurde nicht zur Arbeit am Orte des Baugeschäfts in X, der Betriebsstätte, sondern von vornherein für Y, einer von dem Sitze der Baufirma räumlich entfernt gelegenen Baustelle angenommen. Es ist daher durchaus auch dem eingangs zitierten Urteil des RArbG. zuzustimmen, das in diesem Falle dem A den Anspruch auf den Tariflohn des Sitzes der Baufirma nicht gewährt, sondern ihm lediglich den Tariflohn des Orts des tatsächlichen Arbeitsplatzes (Y) zuerkennt, trotzdem die Ausführung der dortigen Arbeiten nicht von einer selbständigen Betriebsstätte der Baufirma aus erfolgt, wie dies Hueck (vgl. oben) fordert.

22. Fall.

Tarifordnung und Pflichtarbeitsverhältnis.

Vgl. zu vorl. Fall RArbG., Urt. v. 31. Juli 1935 = JW. 1935, Heft 49, S. 3499 f.

Lösung:

Es ist festzustellen, daß die von A geltend gemachte Klageforderung nur dann gerechtfertigt erscheinen kann, wenn zwischen ihm und der Stadt ein Arbeitsvertrag, also ein privatrechtliches Verhältnis, durch das er sich zur Arbeitsleistung im Dienste der Stadt verpflichtet hat (§§ 611 ff. BGB.) zustandegekommen ist, denn die Wirkung einer Tarifordnung erstreckt sich grundsätzlich nur auf solche. Ein derartiger Arbeitsvertrag setzt voraus, daß er zwischen gleichberechtigten Personen geschlossen wird; derjenige, dessen Arbeitspflicht durch ein öffentlich-rechtliches Gewaltverhältnis begründet wird, ist nicht auf der Grundlage eines Arbeitsvertrages tätig.

Für die Frage, ob ein Hilfsbedürftiger, der nach § 19 FürsPflVO. zum Zwecke der öffentlichen Fürsorge Arbeit zugewiesen erhält, in einem bürgerlich- oder öffentlich-rechtlichen Arbeitsverhältnis steht, ist nach richtiger Ansicht des RArbG. (vgl. u. a. RArbG. 10, 291) die Gesamtheit der Umstände maßgeblich. Jedoch sind allgemein schon rein theoretisch zwei verschieden zu behandelnde Fälle zu unterscheiden; das ergibt sich aus § 19 FürsPflVO. selbst: der erste Fall des § 19 hat immer ein bürgerlich-rechtliches Dienstverhältnis zur Folge, während es sich im zweiten Falle um ein öffentlich-rechtliches Pflichtarbeitsverhältnis handelt. Trotzdem aber kann die Abgrenzung der beiden Fälle Schwierigkeiten bereiten. Jedenfalls ist immer von dem Grundsatz auszugehen, daß in aller Regel dann, wenn die Fürsorgebehörde die Unterstützung von der Leistung von Arbeit abhängig macht, ein bürgerlich-rechtliches Dienstverhältnis nicht entsteht, daß dagegen die Gewährung der (öffentlich-rechtlichen) Fürsorgeunterstützung durch Anweisung von Arbeit durchaus zum Zustandekommen eines bürgerlich-rechtlichen Dienstvertrages führen kann. Die Annahme eines solchen wird in der Regel dann zu bejahen sein, wenn der Beschäftigte selbst um seine Beschäftigung nachgesucht hat, wenn also keine erzieherischen Gründe dazu nötigten, die Fürsorgeunterstützung von der Leistung von Arbeit abhängig zu machen; von einem (öffentlich-rechtlichen) Pflichtarbeitsverhältnis kann dann unter normalen Umständen keine Rede mehr sein. Auch der Umstand, daß in solchen Fällen regelmäßig gemeinnützige Arbeit geleistet wird, ist für die rechtliche Beschaffenheit des Beschäftigungsverhältnisses nicht entscheidend (vgl. RArbGUrt. 13. Juni 1933 = ArbRSamml. 18, 377). Andererseits ist auch die Tatsache der Abführung von Sozialbeiträgen nicht allein ausschlaggebend für die Annahme eines bürgerlich-rechtlichen Dienstverhältnisses (vgl. JW. 1935, S. 3500). Jedoch ist aus dem Zusammenhalt der einzelnen Gesichtspunkte, nämlich der Zahlung von Sozialbeiträgen, dem Verlangen der Einhaltung der achtstündigen Arbeitszeit und der der Entlohnung der städtischen Angestellten entsprechenden monatlichen Zahlung des Arbeitsentgeltes, anzunehmen, daß das Beschäftigungsverhältnis, in dem A stand, mindestens nach außen hin den Anschein eines bürgerlich-rechtlichen Arbeitsverhältnisses hervorrief. Insbesondere spricht aber die Tatsache, daß A fast zwei Jahre bei der Stadt arbeitete, dafür, daß A durchaus damit rechnen durfte, daß mit ihm ein bürgerlich-rechtliches Dienstverhältnis abgeschlossen worden sei, zumal er weder bei seiner Einstellung noch später darauf aufmerksam gemacht worden ist, daß es sich bei seiner Beschäftigung um eine Fürsorgemaßnahme vorübergehender Natur handele. Es bleibt zwar die Beschäftigung des A trotz der Annahme eines bürgerlich-rechtlichen Arbeitsvertrages eine Fürsorgemaßnahme, es rechtfertigt sich trotzdem aber nicht der Standpunkt, daß dieser Arbeitsvertrag dieserhalb einer besonderen rechtlichen Beurteilung unterzogen werden müsse; sollte der Vertrag nicht als Dauervertrag abgeschlossen werden, dann hätte es einer dahingehenden ausdrücklichen Vereinbarung der Parteien bedurft (vgl. dazu RGZ. 121, 283 = JW. 1928, S. 2912).

Nach allem müßte A mit seiner Klage Erfolg haben.

23. Fall.

Die „Nachwirkung" der Tarifordnung.

Lösung:

Die Wirkung der Tarifordnung endet mit dem Ablauf der Zeit, für die sie nach Anordnung des sie erlassenden Treuhänders gelten soll. Früher — und auch heute noch — wurde vielfach der Standpunkt vertreten, daß eine außer

Kraft getretene Tarifordnung noch eine „Nachwirkung" in dem Sinne habe, daß die Tarifnormen, da sie „Bestandteil" der Einzelarbeitsverträge und der Betriebsordnung geworden seien und entgegenstehende Bestimmungen derselben „nichtig" gemacht hätten, auch dann noch fortdauern müßten, wenn formal die Tarifordnung durch Zeitablauf außer Kraft getreten sei. Die Anhänger der Nachwirkungstheorie, zu denen bislang auch noch das RArbG. gehört, kommen zu dieser Annahme deshalb, weil sie von der falschen Voraussetzung ausgehen, daß die Tarifnormen entgegenstehende einzelvertragliche Abreden „nichtig" machen und „an ihre Stelle" in den Arbeitsvertrag eintreten, ihn „tarifmäßig" machen. Da einmal nichtig gewordene Bestimmungen nicht ipso iure wieder aufleben können, mußte diese Ansicht, wollte man in der Regelung der Arbeitsverhältnisse keine Lücke eintreten lassen, notgedrungen zur Fiktion einer „Nachwirkung" gelangen. Wie bereits in der Lö. zu Fall 19 ausgeführt wurde, geht aber die Tarifordnung mit ihren Normen nicht als Bestandteil in die Einzelarbeitsverträge (oder in die Betriebsordnungen) ein, vielmehr enthält sie objektive Rechtsnormen, die unmittelbar zwingend auf die Arbeitsverhältnisse einwirken (vgl. zur Begründung im übrigen Lö. zu Fall 19). Aus § 32 Abs. II, S. 2 AOG. ergibt sich die Richtigkeit dieser Stellungnahme ganz eindeutig, denn danach werden die Bestimmungen der Tarifordnung für die von ihr erfaßten Arbeitsverhältnisse als rechtsverbindlich erklärt. Diese Rechtsverbindlichkeit muß naturgemäß aufhören, wenn die Bestimmungen der Tarifordnung nicht mehr vorhanden sind. Hinzu kommt, daß das Gesetz ausdrücklich als Voraussetzung für den (ausnahmsweisen!) Erlaß einer Tarifordnung die Forderung aufstellt, daß der Erlaß derselben zum Schutze der Beschäftigten zwingend geboten erscheint. Daraus folgt, daß, wenn der Treuhänder die Tarifordnung aufhebt oder sie befristet, er damit zum Ausdruck bringt, daß die gesetzlich geforderten Voraussetzungen für ihren Erlaß nicht mehr bestehen (vgl. darüber näheres Mansfeld, Komm. Anm. 11 b zu § 32 und Hueck, Komm. Anm. 170 zu § 32 AOG.). Fällt die Tarifordnung weg, dann treten wieder (die nicht nichtig gewordenen!) Bestimmungen des Einzelarbeitsvertrages bzw. die der Betriebsordnung hervor. Für den — allerdings hier nicht in Frage stehenden — Fall, daß das Arbeitsverhältnis durch einzelvertragliche Abmachungen nicht im einzelnen geregelt sein sollte, gelten die allgemeinen Bestimmungen des Arbeitsvertragsrechts, also die dispositiven gesetzlichen Regelungen über den Dienstvertrag, zur Ausfüllung der etwa bestehenden Lücken.

Damit gelten im vorliegenden Fall ab 1. September 1936 ipso iure wieder die ursprünglichen Regelungen so, wie sie in der Betriebsordnung vor Inkrafttreten der Tarifordnung vorgesehen waren, so daß sich ein ausdrücklicher Hinweis des Unternehmers auf das Wiederinkrafttreten der ursprünglichen Urlaubsregelung durch werksöffentlichen Anschlag erübrigt hätte.

Merke: Ausnahmsweise ergibt sich für gewisse Arbeitsbedingungen aus ihrer Rechtsnatur, daß sie auch noch nach Ablauf der Tarifordnung wirksam sind; so z. B. Konkurrenzklausel, Invaliditätsansprüche, Pensionsansprüche usw. (vgl. Hueck-Nipperdey II, S. 238).

24. Fall.

Urlaubsentgelt bei Kurzarbeit.

Vgl. zu vorl. Fall RArbG., Urt. v. 5. Febr. 1936 = JW. 1936, Heft 18, S. 1230 f.

Lösung:

Es handelt sich hier um das Problem, ob der Arbeitnehmer als Urlaubsvergütung ein Entgelt, das einer Normalarbeitswoche entspricht, oder lediglich ein solches verlangen kann, das der Entlöhnung entspricht, die er, hätte er während dieser Zeit im Betrieb gearbeitet, erhalten hätte. Wenn man in der Urlaubsvergütung ein Entgelt für die Arbeitsleistung des ganzen vergangenen Jahres erblickt, müßte man folgerichtigerweise dem Arbeitnehmer grundsätzlich den einer normalen Arbeitszeit entsprechenden Lohn zubilligen. Dies ist jedoch abzulehnen; im Urlaubsanspruch verbinden sich zwei verschiedene Ansprüche, nämlich der auf Entbindung von der Arbeitsleistung und der Anspruch auf Lohn trotz der Freistellung von der Arbeit (RArbG. = JW. 1929, S. 1319; = JW. 1932, S. 1256). Das RArbG. gewährt daher als Urlaubsentgelt lediglich den Anspruch auf den Lohn, den er verdient hätte, wenn er während der Urlaubszeit gearbeitet hätte (RArbG. BenshS. 16, 54; 17, 343 u. a. m.). Einen Anspruch auf den einer Normalarbeitszeit entsprechenden Urlaubslohn gewährt die reichsarbeitsgerichtliche Rechtsprechung nur für den Fall, daß zur Zeit des Urlaubs „abnorme Verhältnisse" im Betrieb herrschen; da das RArbG. den Begriff der abnormen Verhältnisse recht eng ausgelegt, „so wird man im Sinne dieser Rechtsprechung darunter eine behördlich zugelassene Arbeitsstreckung nicht verstehen können, und deshalb dem beurlaubten Arbeitnehmer nur den verkürzten Lohn zubilligen dürfen" (Hueck, Komm. Anm. 64 zu § 20 u. die dort angegebene Literatur).

Dieses Ergebnis erscheint gerechtfertigt; denn es geht nicht an, wie das verschiedentlich in der Lehre getan wird, aus § 2 Abs. II S. 1 AOG. zu folgern, daß in allen zweifelhaften Rechtsfragen zugunsten der Gefolgschaft entschieden werden müsse. Ebensowenig läßt sich aus dem Gedanken, daß der Urlaub ein zusätzliches Entgelt für in der Vergangenheit geleistete Arbeit darstelle, entnehmen, daß die Urlaubsvergütung unbedingt im Verhältnis zur Menge der geleisteten Arbeit stehen müsse.

„Auch aus dem im AOG. betonten Gedanken der Betriebsverbundenheit läßt sich keineswegs folgern, daß derjenige, dessen Urlaubszeit in die Zeit der Kurzarbeit fällt, eine höhere Vergütung haben müsse, als derjenige, der in derselben Zeit arbeiten muß. Der Beurlaubte soll durch den Urlaub keinen Schaden erleiden; ihm soll während der Urlaubszeit das Entgelt weitergezahlt werden, das er ohne den Urlaub erhalten würde. Es soll ihm also durch den Urlaub an seinen Einkünften nichts entgehen. Wollte man annehmen, daß derjenige, dessen Urlaub in die Zeit der Kurzarbeit fällt, ein Urlaubsentgelt nach einer höheren Arbeitsstundenzahl erhält, als derjenige, welcher in dieser Zeit arbeiten muß, so würde er damit gegenüber seinen

Arbeitskameraden besser gestellt sein" (vgl. RArbG. in eingangs zitierter Entscheidung).

Der Standpunkt des Unternehmers B wird also von der Rechtsprechung gebilligt.

25. Fall.

Die Tragung der Betriebsgefahr. Anspruch auf die vertraglich vereinbarte Arbeitsart.

Vgl. zu vorl. Fall RArbG., Urt. v. 27. März 1935 = JW. 1935, Heft 31, S. 2221 f.

Lösung:

I. Im vorliegenden Falle handelt es sich um das durch das neue Arbeitsrecht gegenüber früher stark verschobene Problem der Tragung der Betriebsgefahr, d. h. um die Frage, ob der Unternehmer, der infolge des Eintritts gewisser Umstände außerstande ist, die ihm angebotene Arbeitskraft zu verwerten, zur Lohnzahlung verpflichtet bleibt oder nicht.

In ständiger Rechtsprechung hat das RArbG. entschieden, daß beim Fehlen einer vertraglichen Regelung und beim Nichtvorhandensein gesetzlicher Sondervorschriften über die Tragung der Betriebsgefahr die Entscheidung nicht in erster Linie aus den Vorschriften der §§ 323, 615 BGB. zu entnehmen ist, sondern aus den von der Rechtsprechung entwickelten Grundsätzen über die Tragung der Betriebsgefahr.

Bisher ist das RArbG. davon ausgegangen, daß die Folgen einer durch ein unvorhergesehenes und unverschuldetes Ereignis verursachten Betriebsstörung denjenigen Partner des Arbeitsvertrages treffen, der das störende Ereignis zu vertreten hat, d. h. in dessen Gefahrenkreis es fällt, wobei die Abgrenzung der Gefahrenkreise nach den Gesichtspunkten von Treu und Glauben unter Berücksichtigung aller Umstände des Einzelfalles zu geschehen hat (RArbG. = JW. 1929, S. 453). Es fragt sich jedoch, ob diese Grundsätze heute, nachdem der Gedanke der Betriebsgemeinschaft seine gesetzliche Anerkennung gefunden hat, noch aufrecht erhalten werden können, oder ob das Betriebsrisiko für unverschuldete (zufällige) Ereignisse nicht von vornherein der Betriebsgemeinschaft als solcher auferlegt werden muß. Eine solche Folgerung wäre jedoch unter allen Umständen verfehlt und eine dem sozialen Schutzzweck des AOG. zuwiderlaufende, formalistische Überspitzung des Gemeinschaftsgedankens. Das ergibt sich auch aus der Erwägung, daß die Arbeitnehmerschaft, wie dies nach dem Betriebsrätegesetz der Fall war, kein Mitwirkungsrecht bei der Betriebsführung mehr besitzt, daß vielmehr dem Führer des Betriebes die volle und ausschließliche Verantwortung für die Leitung des Unternehmens auferlegt worden ist. Es spricht also gerade der Gedanke des Führertums dafür, ihm auch das Betriebsrisiko aufzuerlegen (vgl. Hueck, Komm. Anm. 25 zu § 2 AOG.). Von diesem Gesichtspunkt ausgehend, gelangt auch Stoll (Deutsches Arbeitsrecht 1934, S. 199 ff.) zu der Folgerung, daß ein besonderer Gefahrenkreis der Arbeitnehmerschaft nicht mehr anerkannt werden könne, vielmehr will er für die Betriebsgefahren nur noch einen einzigen Gefahrenkreis, nämlich den des Unternehmers, gelten lassen. Wenngleich sich dieser Ansicht grundsätzlich anzuschließen sein wird, muß jedoch insoweit eine Einschränkung gemacht werden, als es sich um Fälle gemeinsamer und außerordentlicher Gefahren handelt, die den Bestand des Betriebes beeinträchtigen, vernichten oder ihn auf längere Zeit lahmlegen (vgl. Hueck, Komm. Anm. 25 zu § 2; zustimmend auch Stoll, S. 200 f.).

Unter Zugrundelegung dieser Rechtsgedanken gelangen wir nichtsdestoweniger im vorliegenden Fall nicht ohne weiteres zu einem eindeutigen Ergebnis, da es Schwierigkeiten bereitet, sicher zu entscheiden, ob die zufällige Vernichtung einer Betriebsabteilung (Schreinereibetrieb) in den vom Unternehmer und Gefolgschaftsangehörigen gemeinsam zu tragenden Gefahrenbereich fällt. Man wird jedoch diese letzte Annahme ablehnen müssen, denn es handelt sich zwar um ein unverschuldetes Geschehnis, jedoch um ein solches von nur sehr geringem Ausmaße, das nicht einmal den Fortgang des übrigen (Haupt-)Betriebes zu beeinträchtigen vermochte. Ereignisse solcher Art, die nur mit geringfügigen Betriebsstörungen verbunden sind, fallen ohne weiteres dem Unternehmer zur Last, denn es würde dem Grundsatz von Treu und Glauben regelmäßig auf das Schärfste widersprechen, wenn sich der Unternehmer in bezug auf seine Lohnzahlungsverpflichtung seinen Gefolgschaftsmitgliedern gegenüber jedesmal auf solche Ereignisse soll berufen können, die in jedem Betrieb, wenn auch nicht mit Sicherheit, so doch mit einiger Wahrscheinlichkeit einmal eintreten.

A hat also seinen vollen Lohnanspruch gegen B behalten.

(Vgl. dazu auch die Ausführungen von Nikisch in JW. 1935, S. 2222.)

II. Während die bisherige Rechtsprechung nur in Ausnahmefällen, nämlich dann, wenn sich aus dem ganzen Vertrag ein besonderes Interesse des Dienstverpflichteten auf tatsächliche Beschäftigung ergab, einen klagbaren Anspruch auf Beschäftigung anerkannte (so für Schauspieler, Sänger, Musiker, Lehrlinge u. a. m.), kann man es heute nicht mehr als im Belieben des Unternehmers stehend erachten, ob er den Gefolgschaftsangehörigen die Möglichkeit tatsächlich zu arbeiten gibt oder nicht. Hueck sagt dazu treffend: „Da nunmehr die Zugehörigkeit zur Betriebsgemeinschaft eine Pflicht zur Mitarbeit nicht nur an der Betriebsförderung, sondern zum Nutzen von Volk und Staat begründet, kann es nicht mehr im Belieben des Unternehmers stehen, ob er einen Gefolgschaftsangehörigen beschäftigen und ihm die Möglichkeit der Erfüllung dieser Ehrenpflicht ermöglichen will. Es entspricht nicht dem Ethos der Arbeit, sie nur als Mittel zum Geldverdienen aufzufassen .... (so Hueck, Komm. Anm. 18 zu § 2 AOG.). Selbstverständlich besteht dieser Grundsatz nur dann, wenn dem Unternehmer die Beschäftigung zugemutet werden kann, wenn also nicht ausnahmsweise wichtige wirtschaftliche Interessen des Unternehmers auf dem Spiele stehen.

Im vorliegenden Falle dürfte jedoch ein klagbarer Anspruch des A auf Beschäftigung als Schreiner abzulehnen sein; vielmehr wird man den Unternehmer als berechtigt ansehen müssen, den A während der Stockung des Werkschreinereibetriebs mit anderen zumutbaren Arbeiten zu beschäftigen.

26. Fall.

Ansteckung im Betriebe und Schadensersatz.

Vgl. zu vorl. Fall RArbG., Urt. v. 27. Nov. 1935 = RAG. 208, 35.

Lösungsangaben:

Das RArbG. hat folgende Rechtsgrundsätze zur Frage, unter welchen Voraussetzungen der Unternehmer für den entstehenden Schaden haftet, wenn ein Arbeitnehmer im Betriebe durch einen erkrankten Mitarbeiter angesteckt wird, aufgestellt:

a) Ein Unternehmer, der weiß, daß ein Arbeitnehmer an einer ansteckenden Krankheit leidet und den Erkrankten mit Gesunden in einem Raume zusammenarbeiten läßt, verletzt fahrlässig seine Sorgfaltspflicht bezüglich der Gesundheit der Gefolgschaft.

b) Die Haftung des Unternehmers ergibt sich in diesem Falle nicht nur aus dem Arbeitsvertrag, sondern die schuldhafte Verletzung der Fürsorgepflicht für die Sicherheit von Leib und Leben der Gefolgschaftsmitglieder macht den Unternehmer auf Grund des § 823 Abs. I BGB. auch aus unerlaubter Handlung schadensersatzpflichtig.

c) Der Arbeitnehmer, der die Ansteckungsgefahr bemerkt und sich nicht rechtzeitig an den Unternehmer (oder an den Vertrauensrat) wendet, damit dieser für Abhilfe sorgt, zeigt eine fahrlässige Nachlässigkeit bei der Wahrung seiner eigenen Belange und trägt durch diese Unterlassung für die eingetretenen Folgen ein mitwirkendes Verschulden (§ 254 BGB.), das u. U. eine Teilung des entstandenen Schadens rechtfertigt.

27. Fall.

Geschäftsübertragung auf die Ehefrau bei Überschuldung des Ehemannes.

Lösungsangaben:

Es handelt sich um das Problem der Lohnschiebung, denen

das Gesetz in §§ 850c, 850d ZPO. (Ges. z. Änd. v. Vorschr. ü. d. Zwangsvollstreckung vom 24. Okt. 1934; RGBl. I, 1070) zu steuern sucht. Das RArbG. hat zwar grundsätzlich entschieden, daß ein Schuldner seine Arbeitskraft nicht so zu verwerten hat, daß die Gläubiger daraus Befriedigung suchen können (vgl. RArbG. 14, 107 u. a. m.), jedoch kann sehr wohl die Sittenwidrigkeit der Lohnvereinbarung gegeben sein, wenn sich aus den Umständen eindeutig ergibt, daß die Lohnfestsetzung nur deshalb so niedrig gehalten wurde, um eine Befriedigung der Gläubiger des Lohnempfängers zu verhindern.

Zwar kann darin, daß ein verschuldeter Geschäftsmann sein Geschäft auf die Ehefrau überträgt, noch nicht ohne weiteres ein sittenwidriges Verhalten erblickt werden, insbesondere dann nicht, wenn er es nur tut, um sich und seiner Familie die Existenzmöglichkeit zu erhalten. In häufigen Fällen wird aber hierin ein Scheingeschäft erblickt werden müssen, das nach § 117 BGB. nichtig ist. Wenn jedoch der Ehemann in dem nunmehr nach außen von der Ehefrau geführten Geschäft als „Angestellter" (vgl. auch Lö. zu Fall 17) arbeitet und sich lediglich ein „Taschengeld" in geringfügiger Höhe ausbedingt, so liegt darin in aller Regel auch ein Verstoß gegen die guten Sitten, dem § 850 d ZPO. zu wehren sucht, mit der Bestimmung, daß eine angemessene Vergütung als geschuldet gilt, wenn der Schuldner einem Dritten „in einem ständigen Verhältnis Arbeit oder Dienste, die nach Art und Umfang üblicherweise vergütet werden, unentgeltlich oder gegen eine unverhältnismäßig geringe Vergütung" leistet. Selbstverständlich ist die Anwendbarkeit dieser Bestimmung auch dann nicht ausgeschlossen, wenn der Schuldner seiner Ehefrau im Rahmen auch nur seines familienrechtlichen Verhältnisses Dienste leistet. Im Gegenteil, gerade hier dürfte ein besonders häufiger Anwendungsfall des § 850d gegeben sein. Beruht die Beschäftigung des Mannes im Geschäft der Frau dagegen auf einem Dienstvertrag, dann ist gegen die Anwendung des § 850d überhaupt kein Bedenken zu erheben.

Der Mannesgläubiger könnte also, um seinen Anspruch

gegen diesen durchzusetzen, über die §§ 829 ff., 835 ZPO. sich den „angemessenen" Lohnanspruch des Mannes gegen die Ehefrau pfänden und überweisen lassen.

Ist dagegen schon in dem Geschäftsübergabevertrag ein Verstoß gegen die guten Sitten zu erblicken oder war er nur als Scheingeschäft gedacht, so ist ohnehin der Mann Geschäftsinhaber geblieben und der Gläubiger könnte sich nach den allgemeinen Vorschriften u. a. auch an das gesamte Geschäftsvermögen halten.

28. Fall.

Der Zeugnisanspruch.

Lösungsangaben:

§ 630 BGB. begründet den Zeugnisanspruch. Das RArb.-G. hat dazu entschieden, daß der Arbeitgeber dem Arbeitnehmer auf dessen Verlangen nach Ausstellung eines erweiterten Zeugnisses über Führung und Leistung auch dann ein solches auszustellen hat, wenn das Zeugnis insoweit ungünstig ausfallen muß (RArbG., Urt. vom 25. Nov. 1933 = JW. 1934, S. 506).

Merke jedoch: Der Arbeitnehmer ist nicht berechtigt, sein Verlangen nach Ausstellung eines erweiterten Zeugnisses auf die Führung oder auf die Leistungen (sog. erweitertes Teilzeugnis) zu beschränken. Das entspricht auch den Grundsätzen der sozialen Ehre und der heutigen Leistungsbewertung nach Können und Charakter als untrennbar verbundenen Maßstäben (so RArbG., Urt. v. 12. Okt. 1935 = JW. 1936, S. 524).

29. Fall.

Das vorläufige Zeugnis. Zeit zum Aufsuchen einer neuen Stellung.

Lösungsangaben:

I. Der Anspruch des A auf Ausstellung eines sogenannten vorläufigen Zeugnisses ist begründet. Zwar gewährt das Gesetz in § 630 BGB. den Anspruch auf das Zeugnis erst nach Beendigung des Dienstverhältnisses, nicht also schon nach der Kündigung, jedoch kann dies nur für das „endgültige" Zeugnis gelten. Da der Arbeiter und noch viel mehr der Angestellte bei der Stellungssuche in der Regel mindestens eines Beschäftigungsnachweises bedarf, so würde die Verweigerung eines solchen der in § 2 Abs. II S. 1 AOG. begründeten Fürsorgepflicht des Unternehmers widersprechen, die selbstverständlich auch — im zumutbaren und gesetzlichen Rahmen — darin besteht, alles zu tun, was dem Gefolgschaftsmitglied auch für sein künftiges Fortkommen nützt, nichts zu tun, was ihm darin schadet. Solange das Ende der Kündigungsfrist noch nicht eingetreten ist, gehört der Gekündigte noch der Betriebsgemeinschaft an und die Fürsorgepflicht des Unternehmers dauert an.

Es ergibt sich aus dem Zweck des vorläufigen Zeugnisses, daß der Unternehmer selbstverständlich befugt sein muß, den „vorläufigen" Charakter des Zeugnisses auf der Bescheinigung zu vermerken; denn dadurch, daß ja mit der Kündigung in aller Regel das Arbeitsverhältnis noch nicht beendigt ist, ist es durchaus denkbar, daß sich bis zum Schlusse desselben die Ansicht des Unternehmers über Führung und Leistung des Gefolgschaftsmitgliedes noch ändert. Weiter wird dem Unternehmer das Recht zuzugestehen sein, das vorläufige Zeugnis beim Ausscheiden des betreffenden Arbeitnehmers aus dem Betrieb zurückzuverlangen und es in das endgültige umzutauschen.

II. Das Verlangen des A ist gem. § 629 BGB. begründet; jedoch muß es regelmäßig dem Betriebsführer überlassen bleiben, unter Berücksichtigung der Betriebserfordernisse einerseits und der berechtigten Interessen des Gefolgschaftsmitgliedes andererseits nach Treu und Glauben die Zeit für die Freistellung von der Arbeit zu bestimmen.

Dreiwochenarbeit.

Auszug aus der Justizausbildungsordnung.

§ 12: (1) Die Prüfung beginnt mit einer häuslichen Arbeit, deren Aufgabe aus einem der rechtswissenschaftlichen Gebiete zu entnehmen ist. Sie soll dem Prüfling Gelegenheit geben, durch Bearbeitung eines einfachen Rechtsfalles aus dem Leben darzutun, daß er fähig ist, sich auf Grund der Gesetze unter Berücksichtigung des Schrifttums und der Rechtsprechung ein Urteil zu bilden und seine Ansicht in geordneter Gedankenfolge sprachlich gewandt zu begründen.

(3) Der Prüfling hat die häusliche Arbeit binnen drei Wochen in Reinschrift abzuliefern und ihr die Versicherung hinzuzufügen, daß er sie ohne fremde Hilfe angefertigt und sich anderer als der von ihm angegebenen Hilfsmittel nicht bedient hat. Die Frist wird durch Aufgabe zur Post gewahrt.

(4) Versäumt er die Frist ohne genügende Entschuldigung, so ist die Prüfung nicht bestanden.

30. Fall.

Lohnanspruch, Urlaub und Gratifikation.
(Dreiwochenarbeit.)

Die A war seit sechs Jahren im Warenhaus des B als Kassiererin beschäftigt. Es war ein Monatslohn von 100 *RM* vereinbart worden. Vom ersten Jahr an erhielt die A zu Weihnachten jeweils eine Gratifikation in Höhe eines Monatslohnes; außerdem wurde ihr seit ihrem dritten Dienstjahr ein jährlicher Urlaub von acht Arbeitstagen gewährt. Weder in bezug auf eine Gratifikation noch hinsichtlich eines Urlaubs waren bei der Anstellung irgendwelche Abreden getroffen worden. Am 27. November 1935 wurde die A fristlos entlassen, weil sie ihrem Dienstherrn 500 *RM* gestohlen hatte.

Die A klagt nunmehr vor dem Arbeitsgericht auf:

1. Zahlung des vollen Monatslohnes für den Monat November in Höhe von 100 *RM*,
2. Gewährung einer Urlaubsvergütung in Höhe von 25 *RM*, da sie den Urlaub für das Jahr 1935 noch nicht erhalten habe, und
3. auf Gewährung einer Weihnachtsgratifikation in Höhe von 100 *RM* ebenfalls für das Jahr 1935.

Gegen die von der A geltend gemachten Ansprüche rechnet B für den Fall, daß die Ansprüche der A vom Richter für begründet erachtet werden sollten, mit seinem Schadensersatzanspruch wegen Diebstahls in Höhe von 500 *RM* und mit einem Anspruch in Höhe von 60 *RM* für eine Reparatur an der von der A bedienten Registrierkasse, die von der A einige Tage vor ihrer Entlassung fahrlässig beschädigt worden war, auf.

I. Wie ist die Rechtslage, insbesondere auch: War die fristlose Entlassung ordnungsmäßig?

II. War das Arbeitsgericht zuständig, und wie hat das Urteil zu lauten? Ein Urteilsentwurf ist zu skizzieren.

Lösung:

Gliederung.

A. Die erste Frage:

I. Rechtsverhältnis zwischen A und B:

1. Dienstvertrag gem. §§ 611 ff. BGB., §§ 59 ff. HGB.
2. Modifizierter Dienstvertrag: Arbeitsvertrag — Treudienstvertrag.

II. Die Lösung des Arbeitsverhältnisses:

1. durch ordentliche Kündigung.
2. durch fristlose Kündigung gem. § 626 BGB., § 70 HGB.
   a) Voraussetzungen der fristlosen Kündigung.
   b) Anwendung der allgemeinen Grundsätze auf den vorliegenden Sachverhalt.
   c) Ergebnis.

III. Die einzelnen Ansprüche der A:

1. Die Lohnforderung.
   a) Inhalt der Lohnforderung.
   b) Die Höhe der Lohnforderung.
   c) Ergebnis.
2. Der Anspruch auf die Weihnachtsgratifikation.
   a) Die rechtliche Natur der Gratifikation.
   b) Die allgemeinen Voraussetzungen des Rechts auf Gratifikation.
   c) Anwendung der allgemeinen Grundsätze auf den vorliegenden Sachverhalt.
   d) Ergebnis.
3. Der Urlaubsanspruch.
   a) Begriff des Urlaubs.
   b) Seine rechtlichen Voraussetzungen:
      α) gesetzliche Grundlage.
      β) vertragliche Grundlage:
         αα) ausdrückliche Vereinbarung.
         ββ) stillschweigende Vereinbarung.
   c) Urlaubsanspruch und Urlaubsvergütungsanspruch.
   d) Anwendung der allgemeinen Grundsätze auf den vorliegenden Sachverhalt.
   e) Ergebnis.

IV. Die einzelnen Ansprüche des B:

1. Die sich auf Diebstahl gründende Schadensersatzforderung in Höhe von 500 *RM*.
   a) Vertragsverletzung.
   b) Unerlaubte Handlung:
      α) § 823 Abs. I BGB.
      β) § 823 Abs. II BGB.
      γ) § 826 BGB
      δ) Verhältnis der verschiedenen Ansprüche aus unerlaubter Handlung zueinander.

c) Verhältnis des Vertragsanspruchs zu den Ansprüchen aus unerlaubter Handlung.

2. Die sich auf fahrlässige Sachbeschädigung gründende Schadensersatzforderung in Höhe von 60 *RM*.
   a) Vertragsverletzung.
   b) Unerlaubte Handlung:
      α) § 823 Abs. I BGB.
      β) § 823 Abs. II BGB.
      γ) § 826 BGB.
   c) Verhältnis des Vertragsanspruchs zu dem Anspruch aus unerlaubter Handlung.

V. Die Aufrechenbarkeit:

1. des sich auf Diebstahl gründenden Anspruchs:
   a) gegen den Lohnanspruch.
   b) gegen den Urlaubsvergütungsanspruch.
2. des sich auf fahrlässige Sachbeschädigung gründenden Schadensersatzanspruchs.
3. Die Aufrechnung im Prozeß.
4. Die Eventualaufrechnung.

B. Die zweite Frage:

I. Die Zuständigkeit des Arbeitsgerichts:

1. für die Ansprüche der A.
2. für die zur Aufrechnung gestellten Gegenansprüche des B.

II. Das Urteil.

Ausarbeitung.

A. Die erste Frage:

I. Rechtsverhältnis zwischen A und B:

1. Dienstvertrag gem. §§ 611 ff. BGB., §§ 59 ff. HGB.

Zwischen A und B ist durch Antrag und Annahme (gem. §§ 145 ff. BGB.) ein Vertragsverhältnis zustandegekommen, dessen Inhalt darin besteht, daß sich die A dem B gegenüber verpflichtet hat, Dienste als Kassiererin zu leisten, während B seinerseits bindend versprochen hat, das vereinbarte Entgelt von 100 *RM* monatlich zu entrichten. Mithin kennzeichnet sich das zwischen A und B im Jahre 1929 abgeschlossene Vertragsverhältnis zunächst als Dienstvertrag i. S. der §§ 611 ff. BGB., zumal Gegenstand des Dienstvertrages gem. § 611 Abs. II BGB. Dienste jeder Art sein können. Abzulehnen ist die Annahme eines Werkvertrages i. S. der §§ 631 ff. BGB., da bei dem zwischen A und B zustandegekommenen Vertragsverhältnis lediglich die „Arbeit" als solche — und zwar diejenige, die nach allgemeiner Verkehrsauffassung die Tätigkeit einer Kassiererin mit sich bringt — und nicht etwa ein „Werk", das „Erzeugnis", der „Erfolg" von Diensten versprochen wurden. Nicht dagegen kann als Unterscheidungskriterium zwischen Dienst- und Werkvertrag der Gesichtspunkt dienen, daß sich der Dienstverpflichtete, im Gegensatz zum Unternehmer beim Werkvertrag, in ein persönliches Abhängigkeitsverhältnis begibt (vgl. jedoch für den Arbeitsvertrag unter I, 2); schließlich schließt auch der Rechtsanwalt, der Arzt, der Privatlehrer „Dienst"verträge ab, ohne daß hier das Merkmal einer persönlichen Abhängigkeit vom Dienstberechtigten gegeben wäre.

Von der Annahme eines Dienstvertrages ausgehend, untersuchen wir jedoch weiter, ob nicht wegen der besonderen Art der Dienste, zu deren Leistung sich die A verpflichtet hat, besondere gesetzliche Bestimmungen Anwendung zu finden haben, so insbesondere, ob nicht die Vorschriften der §§ 59 ff. HGB. über Handlungsgehilfen Platz greifen müssen.

Da die A in einem Warenhaus angestellt wurde, war sie zu ihrer Tätigkeit im Rahmen eines Handelsgewerbes (§ 1 Abs. I, II Ziff. 1 HGB.) verpflichtet. Fraglich kann nur sein, ob die Dienste als Kassiererin, zu deren Leistung sie sich verpflichtet hat, „kaufmännische" i. S. des § 59 HGB. sind. Grundsätzlich bestimmt sich die Frage, ob die Dienste als kaufmännische anzusehen sind, nach der Verkehrsauffassung [1]). Nach mehrfachen Entscheidungen des früheren Reichsoberhandelsgerichts ist derjenige, der nicht bei dem An- oder Verkauf oder in den übrigen Geschäften des Warenumsatzes ein-

1) ROHG. 17, 307 u. RGZ. 1, 268.

schließlich der Kontorarbeit mitwirkt, sondern wesentlich nur mit der Herstellung, Be- oder Verarbeitung der Ware beschäftigt ist, nicht Handlungsgehilfe[2]). Es steht unzweifelhaft fest, daß die Dienste einer Warenhauskassiererin schlechterdings keine rein technischen, bei der Herstellung, Be- oder Verarbeitung von Waren zu leistenden sind, womit eine Vermutung zugunsten ihrer Dienste als „kaufmännischer" spricht. Diese sich auf obige negatorische — und von Lehre und Rechtsprechung anerkannte — Begriffsabgrenzung stützende Vermutung wird auch von der Verkehrsanschauung bestätigt, die dahingeht, daß Kassierer und Kassiererinnen in Warenhäusern und sonstigen Unternehmungen des Warenumsatzes schlechthin „kaufmännische Angestellte", nicht Gewerbegehilfen sind, wie es etwa der Kellner oder der Oberkellner einer Gaststätte ist[3]).

Damit ist erwiesen, daß sich das zwischen A und B zustandegekommene Rechtsverhältnis als ein durch die Vorschriften der §§ 59 ff. HGB. modifizierter Dienstvertrag darstellt und daß die Bestimmungen der §§ 611 ff. BGB. nur ergänzend zur Anwendung kommen.

2. Modifizierter Dienstvertrag: Arbeitsvertrag — Treudienstvertrag.

Die Verpflichtung der A zur Leistung von Diensten als Kassiererin beruht nach der obigen Feststellung auf einem privatrechtlichen Vertrag, dem abhängigen Arbeitsvertrag. Es fragt sich daher weiter, ob auf den vorliegenden Fall die Vorschriften und Rechtsgrundsätze des Gesetzes zur Ordnung der nationalen Arbeit vom 20. Jan. 1934 (RGBl. I, S. 45) zur Anwendung kommen. Dazu wäre zunächst notwendig, daß die A Mitglied einer Betriebsgemeinschaft i. S. des § 1 AOG. wäre. Wie weiter unten des Näheren dargelegt werden wird, ist dies zu bejahen, denn auch das Warenhaus als kaufmännisches Unternehmen stellt sich als „Betrieb" im Sinne der angezogenen Gesetzesvorschrift dar; auch ist die A Gefolgschaftsangehörige, denn Beschäftigter oder Gefolg-

---

[2]) Vgl. ROHG. 14, 115; 10, 299.
[3]) Vgl. RGZ. 38, 118.

schaftsangehöriger im Sinne des AOG. ist jeder, der auf Grund privatrechtlichen Vertrages im Dienste eines anderen zur Arbeit verpflichtet ist[4]). Abweichend von dieser als herrschend und richtig zu bezeichnenden Ansicht sagt Mansfeld-Pohl: „Gefolgsmann ist, wer auf Grund eines ihn in eine Betriebsgemeinschaft eingliedernden Vertrages unselbständig und für Rechnung eines anderen berufsmäßig Arbeit gegen Entgelt verrichtet“[5]). Er verlangt also als wesentliches Kriterium für die Frage der Gefolgschaftszugehörigkeit die Entgeltlichkeit der Arbeit, welche Ansicht nach unserem Dafürhalten schon um deswillen als zu eng, und gegen den Sinn der von dem Gesetzgeber angestrebten Betriebsgemeinschaft verstoßend, abgelehnt werden muß, als dann der Volontär und der Lehrling nicht als zur Betriebsgemeinschaft gehörig angesehen werden müßten[6]). Unbestritten erfordert die Gefolgschaftszugehörigkeit jedoch die Erfüllung folgender Voraussetzungen:

1. Es muß eine Verpflichtung zur Arbeit bestehen.
2. Die Arbeit muß im Dienste eines anderen, und zwar im Dienste des Inhabers des Betriebes geleistet werden[7]).
3. Diese unselbständige Arbeit muß innerhalb einer Betriebsgemeinschaft geleistet werden.

Die u. a. von Mansfeld-Pohl[8]) vertretene Ansicht, daß auch Berufsmäßigkeit der Ausübung der Arbeit erforderlich sei, ist in vollem Anschluß an Hueck-Nipperdey-Dietz abzulehnen[9]).

Da in dem Anstellungsverhältnis der A obige drei Voraussetzungen, die allein wir als zu Recht bestehend an-

[4]) Vgl. Hueck-Nipperdey, I, S. 36 u. BenshS. 12, 553; 15, 528.
[5]) Mansfeld, Komm. Anm. 3a zu § 1, S. 86.
[6]) Zustimmend, wenn auch mit teilweise anderer Begründung insbes. Hueck-Nipperdey I, S. 45 u. Hueck, Komm. Anm. 12 zu § 1 u. d. d. angegebene Literatur.
[7]) Vgl. BenshS. 13, 470.
[8]) Mansfeld, Komm. Anm. 3a zu § 1 AOG.
[9]) Vgl. Hueck, Komm. Anm. 16 zu § 1 u. d. d. angegebene Literatur.

nehmen, bezüglich der Gefolgschaftszugehörigkeit gegeben sind (vgl. §§ 611 ff. BGB.; §§ 59 ff. HGB.), ist kein Zweifel daran möglich, daß die Grundsätze des AOG. und des Arbeitsvertragsrechts auf den zu beurteilenden Sachverhalt zur Anwendung zu kommen haben.

Wir haben bereits eingangs festgestellt, daß das zwischen A und B bestehende Rechtsverhältnis sich als Dienstvertrag i. S. der §§ 611 ff. BGB. darstellt; daraus nun, daß auf diesen Dienstvertrag die Grundsätze der neuen nationalsozialistischen Arbeitsverfassung zur Anwendung gelangen, ergibt sich, daß der bisher rein als Schuldvertrag wie jeder andere aufgefaßte Dienstvertrag sich in der Form des Arbeitsvertrages als ein Dienstvertrag darstellt, bei dem sich der Dienstverpflichtete in persönliche Abhängigkeit zum Dienstberechtigten begibt, welches Merkmal, wie bereits oben[10]), festgestellt wurde, dem gewöhnlichen Dienstvertrag häufig mangelt. Daraus ergibt sich aber auch mit Notwendigkeit, daß sich aus einem dergestalt modifizierten Dienstvertrag für beide Vertragsteile erheblich weitergehendere Rechte und Pflichten ergeben, als es beim gewöhnlichen Dienstvertrag i. S. der §§ 611 ff. BGB. der Fall ist. Der Arbeitsvertrag hat gegenüber dem Dienstvertrag insbesondere insoweit eine erhebliche Wandlung erfahren, als er nunmehr überwiegend von sittlichen (nicht mehr wie bisher fast ausschließlich von rein schuldrechtlichen!) Normen beherrscht wird und einen stark personenrechtlichen Einschlag erhalten hat[11]). Damit ist in den Mittelpunkt des Verhältnisses zwischen Betriebsführer und Gefolgsmann, die gegenseitige Treue gerückt; oder wie es Hueck[12]) in hervorragend eindeutiger Weise ausdrückt: „nicht das Gegeneinander des Austausches von Leistungen, sondern das Miteinander des Arbeitens und des Zieles gibt dem Arbeitsvertrag das Gepräge". Andererseits darf trotz des unbedingten Vorranges des personenrechtlichen Elementes nicht übersehen werden, daß es selbstverständlichen Lebensbedürfnissen ent-

[10]) S. unter I, 1, a. A.
[11]) Vgl. u. a. Mansfeld, Komm. Anm. 3a zu § 1 S. 90.
[12]) Hueck, Komm. Anm. 16 zu § 2.

spricht, den Arbeitsvertrag nicht schlechthin und ausschließlich als reinen Treudienstvertrag aufzufassen; vielmehr ist zuzugestehen, daß er naturgemäß auch schuldrechtliche Elemente enthält. Dieser Hinweis Huecks[13]), dem auch für die Beurteilung des vorliegenden Sachverhalts eine Bedeutung zukommt, erscheint gerade um deswillen besonders bedeutungsvoll und richtig, als in der Lehre hie und da der Versuch unternommen wird, aus dem Treudienstgedanken und dem überwiegend personenrechtlichen Gesichtspunkt im einzelnen bestimmte gegenseitige Rechte (Urlaub, längere Kündigungsfristen usw.) herzuleiten. Inwieweit der Treudienstgedanke etwa bei der Auslegung des Einzelarbeitsvertrages und der gesetzlichen Bestimmungen herangezogen werden kann, wird des Näheren in den folgenden Kapiteln, bei der Untersuchung des rechtlichen Bestandes der einzelnen Ansprüche der A, dargelegt werden.

II. Die Lösung des Arbeitsverhältnisses:

1. durch ordentliche Kündigung.

Grundsätzlich erlischt das Dienstverhältnis (Arbeitsverhältnis) mit Ablauf der Zeit, für die es eingegangen ist (§ 620 Abs. I BGB.). Da jedoch im vorliegenden Fall nicht anzunehmen ist, daß bei der Anstellung der A als Kassiererin eine Zeit für die Leistung ihrer Dienste vereinbart wurde und da sich auch nicht aus der Beschaffenheit oder dem Zweck ihrer Dienste die Dauer des Dienstverhältnisses bestimmen läßt, kommt die Norm des § 620 Abs. II BGB. zum Zuge, d. h. jeder Teil kann das Dienstverhältnis nach Maßgabe der §§ 621 bis 623 BGB. kündigen, wobei jedoch vorausgesetzt ist, daß keine besondere vertragliche oder tarifliche Kündigungsfrist, welch letztere unabdingbar wäre, besteht. Da sich jedoch aus dem Sachverhalt nicht ergibt, daß insoweit vertragliche oder tarifliche Sonderregelungen bestehen, hätte das zwischen A und B bestehende Arbeitsverhältnis grundsätzlich nach Maßgabe der ordentlichen gesetzlichen Kün-

[13]) Hueck, Komm. Anm. 16 zu § 2.

digungsvorschriften durch einseitige empfangsbedürftige Willenserklärung jederzeit auf den Schluß des Kalendermonats gekündigt werden können, wobei zu berücksichtigen gewesen wäre, daß die Kündigung spätestens am 15. des Monats hätte erfolgen müssen (§ 621 Abs. III BGB.). Hierbei ist zu beachten, daß eine besondere Form für die Kündigung nicht vorgeschrieben ist; jedoch muß die Kündigungserklärung unzweideutig sein und den Willen des Kündigenden, das Dienstverhältnis an einem bestimmten Tage zu lösen, dem Kündigungsgegner gegenüber klar zum Ausdruck bringen. Insoweit scheint nach dem Sachverhalt ein Mangel nicht vorzuliegen. Da wir aber eben unter I festgestellt haben, daß es sich bei der Kassiererin A um eine Handlungsgehilfin handelt, kommen für die Kündigung dieses Verhältnisses die Vorschriften der §§ 66 ff. HGB. zur Anwendung, wonach nur auf den Schluß eines Kalendervierteljahres unter Einhaltung einer Kündigungsfrist von sechs Wochen hätte gekündigt werden können. Es fragt sich daher, ob darin, daß die gesetzlich vorgeschriebene (§ 66 HGB.) Kündigungsfrist nicht eingehalten wurde, ein Rechtsmangel zu erblicken ist, der etwa die Kündigung unwirksam macht.

2. durch fristlose Kündigung gem. § 626 BGB., § 70 HGB.

a) Voraussetzungen der fristlosen Kündigung.

Gemäß den gleichlautenden Bestimmungen der §§ 626 BGB., 70 HGB. kann ein Dienstverhältnis von einem Teil ohne Einhaltung einer Kündigungsfrist gekündigt werden, wenn ein wichtiger Grund vorliegt. Als gesetzliche Grundlage für die Prüfung der Zulässigkeit der fristlosen Entlassung (Kündigung) kommt im vorliegenden Falle lediglich § 70 HGB. zum Zuge, da gem. Art. 2 EGzHGB. in Handelssachen die Vorschriften des BGB. nur insoweit zur Anwendung kommen, als nicht im Handelsgesetzbuch ein anderes bestimmt ist; diese Bestimmung hat auch im vorliegenden Falle zur Anwendung zu kommen, wenngleich beide Gesetzesvorschriften „gleichlautend“ sind, so daß sich nichts an der Behandlung des zur Untersuchung stehenden Problems ändert.

Es ist daher zu untersuchen, ob in dem Diebstahl (§ 242 StGB.), dessen Voraussetzungen wir mangels näherer Sachverhaltsangabe als gegeben unterstellen, ein „wichtiger Grund“ liegt, der das Recht zur fristlosen Kündigung gibt. In § 72 Ziff. 1 HGB. ist eigens hervorgehoben, daß ein wichtiger Grund, der den Dienstberechtigten ermächtigt, das Dienstverhältnis ohne Einhaltung einer Kündigungsfrist zu kündigen, insbesondere dann vorliegt, wenn der Handlungsgehilfe untreu ist oder das in ihn gesetzte Vertrauen mißbraucht, wobei jedoch hervorzuheben ist, daß Untreue im Dienst nicht nur dann gegeben ist, wenn sich die Handlung des Handlungsgehilfen unter den Tatbestand des § 266 StGB. unterordnen läßt, sondern daß unter „Untreue“ im Sinne dieser Gesetzesvorschrift überhaupt die Verletzung der aus dem Dienstverhältnis folgenden Pflicht zur Treue zu verstehen ist, was schon in der älteren Rechtsprechung[14]) anerkannt war. Diesem Gedanken kommt heute unter dem das Arbeitsvertragsrecht beherrschenden Gesichtspunkt des Treudienstvertrages[15]) eine ganz besondere Bedeutung zu, was insbesondere auch von Nikisch[16]) und Hueck[17]) anerkannt ist; insbesondere sind es die die grundsätzlichen Rechtsgedanken des neuen Arbeitsrechts verankernden §§ 1 und 2 AOG., die die Bestimmungen des BGB. über den Dienstvertrag und naturgemäß u. a. auch die Vorschriften der §§ 59 ff. HGB. über den Handlungsgehilfenvertrag hinsichtlich ihrer Auslegung weitgehendst beeinflussen[18]).

b) Anwendung der allgemeinen Grundsätze auf den vorliegenden Sachverhalt.

Davon ist auch bei der Beurteilung der Frage, ob in dem Verhalten der A ein wichtiger Grund zur fristlosen Entlassung gegeben war, auszugehen. Es ist die von Rechtsprechung und Literatur übereinstimmend entwickelte Regel zugrundezulegen, daß ein wichtiger Grund immer dann vor-

[14]) Vgl. ROHG. 21, 394.
[15]) Vgl. oben I, 2.
[16]) S. 141.
[17]) Hueck, Komm. Anm. 23 zu § 2.
[18]) Vgl. darüber Mansfeld, Komm. Anm. 3d zu § 2, S. 115.

liegt, wenn es dem Kündigenden nach Treu und Glauben und mit Rücksicht auf den Vertragszweck nicht zugemutet werden kann, das Vertragsverhältnis fortzusetzen, wobei insbesondere die Stellung des Beschäftigten und das Maß von Vertrauen, dessen er zur richtigen Ausübung bedarf, wichtig ist[19]). Jedenfalls müssen, was Hueck in richtiger Würdigung des Gedankens der beiderseitigen Treue hervorhebt, die beiderseitigen Interessen, insbesondere die beiderseitigen Pflichten abgewogen werden, die von jedem Rücksicht auf die Bedürfnisse und Belange des anderen Teils fordern. Dieser Gesichtspunkt tritt jedoch naturgemäß dann zurück, wenn es sich — wie hier — um Kündigungsgründe handelt, die durch ein schuldhaftes Verhalten des Kündigungsgegners gegeben werden; hier kommt vor allem in Betracht, „daß ein auf gegenseitiger Treue und Fürsorge gegründetes Rechtsverhältnis gegen schuldhafte Verletzungen empfindlicher ist.... usw."[20]).

Diese Gesichtspunkte, angewandt auf den vorliegenden Sachverhalt, ergeben, daß es dem B nicht zugemutet werden kann, die Kassiererin A weiterzubeschäftigen, denn darin, daß sie sich gerade als Kassiererin, als eine Person also, der in bezug auf die Verwaltung von Geldangelegenheiten ein ganz besonderes Vertrauen entgegengebracht wurde, an fremdem Eigentum vergriff, liegt ein ganz besonders schwerer Vertrauensbruch, eine ganz besonders schwerwiegende Verletzung der Treuepflicht, die auch nicht deswegen in einem milderen Licht erscheinen kann, weil sie sich während der Dauer ihres sechsjährigen Angestelltenverhältnisses offenbar nichts hat zuschulden kommen lassen. Auch kann unter den obwaltenden Umständen dem B nicht zugemutet werden, der A etwa unter Einhaltung der gesetzlichen Kündigungsfrist (§ 66 HGB.) zu kündigen, denn es ist untragbar für B eine Kassiererin auch nur einen einzigen Tag länger zu beschäftigen, wenn sie sich in so schwerwiegender Weise des Vertrauens, das in sie gesetzt wurde, unwürdig erwies.

---

19) Vgl. Hueck, Komm. Anm. 23 zu § 2; Potthoff, S. 88 ff.
20) Hueck, Komm. Anm. 23 zu § 2.

c) Ergebnis.

Die fristlose Kündigung der A ist also zu Recht erfolgt.

III. Die einzelnen Ansprüche der A:

1. Die Lohnforderung.

a) Inhalt der Lohnforderung.

Gemäß § 611 BGB. ist der Dienstberechtigte zur Gewährung der vereinbarten Vergütung verpflichtet; da die A gem. § 59 HGB. gegen „Entgelt“ zur Leistung kaufmännischer Dienste angestellt ist, ist B während des Bestehens des vertraglichen Verhältnisses zur Zahlung des vereinbarten Lohnes, im vorliegenden Falle zur Zahlung eines Monatslohnes in Höhe von 100 *RM* verpflichtet; die Vergütung besteht also, wie es auch der Regel entspricht, in einem festen Geldbetrage. Gemäß § 614 BGB. ist die Vergütung nach der Leistung der Dienste zu entrichten, d. h. der Dienstverpflichtete ist kraft Gesetzes vorleistungspflichtig. Da die A einen Monatslohn erhält, ist die Vergütung nach Zeitabschnitten gemessen, so daß sie gemäß § 614 S. 1 BGB. nach dem Ablauf eines jeden Monats zu bezahlen ist, was auch der zwingenden Vorschrift des hier zur Anwendung kommenden § 64 HGB. entspricht.

b) Höhe der Lohnforderung.

Gemäß § 628 BGB. kann der Verpflichtete, sofern ihm nach Maßgabe des § 626 BGB. (oder des § 70 HGB.) gekündigt wurde, einen seinen bisherigen Leistungen entsprechenden Teil der Vergütung verlangen. Da das zwischen A und B bestehende Dienstverhältnis durch die fristlose Kündigung bereits am 27. November zum Erlöschen gekommen ist, ist der Anspruch der A auf den vollen Lohn für November offensichtlich unbegründet. Sie kann daher lediglich den Lohn für 27 Tage verlangen, der sich nach folgender Gleichung errechnet: $30:100 = 27:x$. Der von der A für die im November geleisteten Dienste zu fordernde Lohn beträgt demnach 90 *RM*.

c) Ergebnis.

Das Verlangen des vollen Novemberlohnes ist unbegründet; die A hat lediglich einen Anspruch auf 90 *RM*.

2. Der Anspruch auf die Weihnachtsgratifikation.

a) Die rechtliche Natur der Gratifikation.

Die Gratifikation stellt sich als eine besondere, neben dem vereinbarten Lohn zu entrichtende Zuwendung dar; sie wird regelmäßig an Weihnachten oder zu Neujahr gewährt. Da, wie unter b dargelegt werden wird, die Gratifikation auf Grund einer Verpflichtung des Unternehmers entrichtet wird, stellt sie sich nicht als Schenkung i. S. der §§ 516 ff. BGB. dar. In bezug auf die Bedeutung der Gratifikation stimmen Rechtsprechung und Lehre darin überein, daß sie sich als eine Belohnung für das Ausharren während des ganzen Jahres darstellt. Darüber hinaus wird man aber im Anschluß an den in § 2 Abs. II, S. 2 AOG. verankerten Treuegedanken den Standpunkt vertreten müssen, daß es nicht so sehr darauf ankommen kann, daß der auf die Gratifikation Anspruch erhebende Beschäftigte während eines vollen Jahres im Dienste eines anderen ausgeharrt, sondern darauf, daß er auch während dieser Zeit „treue" Dienste geleistet hat[21]).

b) Die allgemeinen Voraussetzungen des Rechts auf Gratifikation.

Es ist von dem allgemein anerkannten Gesichtspunkt auszugehen, daß ein Anspruch auf Zahlung einer Weihnachtsgratifikation nur besteht, wenn für den Unternehmer eine vertragliche Verpflichtung begründet ist. Diese vertragliche Verpflichtung kann einmal durch ausdrückliche Vereinbarung, andererseits aber auch, nach Ansicht von Rechtsprechung und Lehre, durch regelmäßige und dauernde Gewährung begründet werden[22]), es sei denn, daß der Unternehmer bei der jeweiligen Zahlung der nicht vertraglich vereinbarten Gratifikation unzweideutig zum Ausdruck gebracht hat, daß er durch die Zahlung derselben keine Rechtsverpflichtung für künftige Weiterzahlung einzugehen gedenke. Die fortgesetzte Übung der Zahlung der Weihnachtsgratifikation ohne Vorbehalt und ohne Betonung des Schenkungs-

---

21) Vgl. oben u. I, b.

22) Vgl. u. a. RGZ. in JW. 1929, S. 3410; JW. 1930, S. 3113 u. Potthoff S. 63.

charakters der Vergütung — dies ist der der Rechtsprechung zugrundeliegende Gedanke — berechtigt die Angestellten zu der Annahme, daß die Hingabe zum Zwecke der Erfüllung einer Verpflichtung und mit dem Versprechen der weiteren Erfüllung erfolge[23]). Liegen die Umstände dergestalt, so kann sich, weil dies dem Grundsatz von Treu und Glauben widersprechen würde, der Unternehmer hinterher nicht darauf berufen, daß er nie den Verpflichtungswillen gehabt habe.

Eine weitere Frage ist die, ob bei bestehender Gratifikationszahlungspflicht das Arbeitsverhältnis noch zu dem Zeitpunkt bestehen muß, an dem bisher die Gratifikationsvergütung fällig geworden ist. In der Rechtsprechung und in der Lehre wird der Standpunkt vertreten, daß der Anspruch auf die Weihnachtsgratifikation entfällt, wenn das Dienstverhältnis durch das Verschulden des Angestellten nicht mehr besteht[24]). Dieser Standpunkt erscheint auch heute noch zutreffend, zumal, wie oben[25]) festgestellt wurde, die Weihnachts- oder Neujahrsgratifikation sich nicht nur als Belohnung für das Ausharren während des ganzen Jahres, sondern als besondere Anerkennung für die während dieses Jahres geleisteten treuen Dienste darstellt. Es erscheint uns aber wichtig, ausdrücklich darauf hinzuweisen, daß es bei der Frage nach der Entstehung des Anspruchs auf Gratifikation nicht so sehr auf das formale Moment der zeitlichen Dauer des Dienstvertrages bis wenigstens zum Zeitpunkt der üblichen oder vertraglichen Fälligkeitstermins ankommt, sondern daß entscheidend ist, daß das Arbeitsverhältnis an diesem Zeitpunkt deshalb nicht mehr besteht, weil es aus einem durch die Person des Beschäftigten schuldhaft herbeigeführten Grund beendigt wurde. Ist dieser Gesichtspunkt bestimmend, so muß man nach unserem Dafürhalten durchaus auch die — von der Lehre allerdings abgelehnte — Möglichkeit der Entstehung eines Anspruchs auf einen Teil der Gratifikation bejahen, wenn der Beschäftigte wenigstens den weitaus überwiegenden Teil des Jahres (etwa 11 Monate)

---

23) Vgl. RArbG. in JW. 1935, S. 2226.
24) S. u. a. OLG. 12, 417; DJZ. 1908, S. 768.
25) III, 2, a.

zur Zufriedenheit des Unternehmers beschäftigt war und das Arbeitsverhältnis lediglich aus betrieblichen oder in der Person des Unternehmers liegenden Gründen beendigt wurde.

Dies erscheint uns jedenfalls schon deshalb eine vertretbare Meinung zu sein, als dann ein für allemal feststeht, daß der Unternehmer sich nicht dadurch einfach seiner Gratifikationszahlungspflicht entziehen kann, daß er das Arbeitsverhältnis kurze Zeit vor Eintritt der Fälligkeit des Anspruchs auf diese Sondervergütung löst. Dieser Fall wird insbesondere dann aktuell, wenn, wie das bei saisonmäßig bedingten Betrieben häufig der Fall ist, ein Arbeiter mehrmals im Jahre gekündigt und wieder angestellt wird. Es erscheint uns daher eine Ausrichtung der Lehre und Rechtsprechung nach Maßgabe dieses Gesichtspunktes notwendig, zumal dies durchaus, worauf bereits hingewiesen wurde, dem Sinn des § 2 AOG. entspricht.

c) Anwendung der allgemeinen Grundsätze auf den vorliegenden Sachverhalt.

Wie wir unter II, 2 festgestellt haben, wurde das Arbeitsverhältnis wegen eines in der Person der A liegenden wichtigen Grundes zu Recht fristlos gekündigt; der wichtige Grund war auch durch die A schuldhaft herbeigeführt worden. Aus diesem Grunde hätte die A einen Anspruch auf die Weihnachtsgratifikation selbst dann nicht gehabt, wenn dem Unternehmer tatsächlich infolge mehrjähriger Übung der Zahlung einer solchen besonderen Zuwendung eine Verpflichtung zur Zahlung auch für die Zukunft aufzuerlegen gewesen wäre. Eine solche Verpflichtung war allerdings nach den unter III, 2, a, b entwickelten Grundsätzen durch die bereits seit fünf Jahren regelmäßig erfolgte Zahlung einer Gratifikation für B entstanden, da der Sachverhalt nichts darüber verlautbart, daß sich etwa der Unternehmer B bei der jeweils erfolgten Zahlung vorbehalten habe, nur eine freiwillige Leistung (schenkungshalber) zu erbringen. Wie gesagt, ist aber nicht die Tatsache, daß die A nicht mehr zu Weihnachten in ihrer Stellung war, dafür entscheidend, daß sie den ansonsten bestehenden Gratifikationsanspruch nicht geltend machen kann, entscheidend ist vielmehr die Tatsache, daß das Arbeitsverhältnis deshalb nicht mehr bestand, weil es wegen eines groben Treubruchs ihrerseits zu Recht vorzeitig gelöst wurde.

d) Ergebnis.

Die A hat demgemäß keinen Anspruch auf die Auszahlung der Weihnachtsgratifikation.

3. Der Urlaubsanspruch.

a) Begriff des Urlaubs.

Der Begriff des Urlaubs ist in Lehre und Rechtsprechung keineswegs einheitlich beurteilt. Unbestritten bedeutet Urlaub Befreiung von der Arbeitspflicht. Im engeren, eigentlichen Sinne kann man unter Urlaub jedoch nur die unter Fortzahlung des Lohnes gewährte arbeitsfreie Zeit verstehen. Dazu muß als wesentliches Kriterium treten, daß die Freizeit zum Zwecke der Erholung gewährt wird[26]).

b) Seine rechtlichen Voraussetzungen:

α) gesetzliche Grundlage.

Eine gesetzliche Regelung des Urlaubs im Rahmen eines Arbeitsverhältnisses ist bis heute noch nicht erfolgt. Seit dem Erlaß des AOG. kann sich (außer auf Einzelvereinbarung) der Urlaubsanspruch auch noch auf die einseitig vom Betriebsführer zu erlassende Betriebsordnung (§§ 26, 27 Abs. III AOG.) oder auf eine Tarifordnung des Treuhänders der Arbeit (§ 32 AOG.) stützen. Diese Möglichkeiten scheiden nach der Fassung des Sachverhalts aus.

Abzulehnen ist, wie das bereits oben[27]) kurz erwähnt wurde, unter allen Umständen die in der Lehre[28]) vereinzelt vertretene Ansicht, daß sich ein Anspruch auf Urlaub unmittelbar aus der in § 2 Abs. II AOG. verankerten allgemeinen Fürsorgepflicht des Betriebsführers ergebe. Dieser Ansicht ist auch das RArbG.[29]) mit guten Gründen entgegengetreten, indem es ausführt, daß die Bestimmung des

---

26) Vgl. Oppermann, Das Recht auf Urlaub, JW. 1935, S. 3136.

27) I, b a. E.

28) Lit. vgl. Hueck, Komm. Anm. 16 zu § 2 u. Mansfeld, Komm. Anm. 2d zu § 2 AOG.

29) Vgl. RArbG. 15, 46 = JW. 1935, S. 1805.

§ 2 Abs. II AOG. dadurch, daß sie die Fürsorgepflicht des Betriebsführers der Treupflicht der Gefolgschaft gegenüberstelle, lediglich die neue Auffassung des Arbeitsverhältnisses kennzeichnen und den Geist zum Ausdruck bringen wollte, der fortan die Arbeitsbeziehungen beherrschen solle; die Bestimmung des § 2 Abs. II AOG. sei aber keineswegs dazu bestimmt, „die gerade wegen der Vielgestaltigkeit des Arbeitslebens in jedem einzelnen Falle notwendige besondere Regelung durch eine Rahmenbestimmung zu ersetzen" (R.-ArbG.), „deren Ausfüllung durch den Richter niemals die Sicherheit verbürgen könne, deren die Arbeitsbedingungen des einzelnen Arbeitsverhältnisses bedürfen"[30]).

β) Vertragliche Grundlage:

αα) ausdrückliche Vereinbarung.

Selbstverständlich, deshalb nur kurz erwähnt, ist, daß durch ausdrückliche Vereinbarung bereits im Arbeitsvertrag ein Urlaubsanspruch begründet werden oder daß im Einzelfall dem Beschäftigten vom Unternehmer ein solcher gewährt werden kann. In diesen Fällen ist der Urlaubsanspruch also entweder Bestandteil des Arbeitsvertrages oder Gegenstand einer besonderen Vereinbarung; beide Fälle scheiden als Grundlage des Urlaubsanspruchs der A im vorliegenden Falle aus.

ββ) stillschweigende Vereinbarung.

Der Urlaubsanspruch kann aber auch durch stillschweigende Vereinbarung entstehen, wobei nach unserem Dafürhalten wiederum zwei Fälle unterschieden werden müssen:

1. stillschweigende Vereinbarung durch üblich gewordene Gewährung;
2. Entstehung des Urlaubsanspruchs durch die Fiktion stillschweigender Vereinbarung im Arbeitsvertrag, wenn er nicht ausdrücklich ausgeschlossen ist.

Zu 1:

Das RArbG. hat wiederholt bereits in seiner älteren Rechtsprechung anerkannt, daß die Vereinbarung eines Ur-

---

[30]) Vgl. Oppermann, JW. 1935, S. 3139.

laubs auch stillschweigend erfolgen kann und zwar dann, wenn in einem Betriebe ohne besondere ausdrückliche Abmachung einem Beschäftigten oder allen Beschäftigten einer Gruppe regelmäßig Erholungsurlaub gewährt wird [31]). Hieraus kann in gleicher Weise ein Rechtsanspruch auf Urlaub erwachsen, wie eine jahrelang vorbehaltslos gezahlte Weihnachsgratifikation einen Rechtsanspruch auf weitere, künftige Zahlung erzeugen kann [32]), denn auch hier muß der Gesichtspunkt maßgeblich sein, daß durch die jahrelange vorbehaltlose Gewährung der Beschäftigte zu der Annahme berechtigt ist, daß die Gewährung des Urlaubs zum Zwecke der Erfüllung einer Verpflichtung und mit dem Versprechen der weiteren Erfüllung erfolge [33]).

Zu 2:

Da die Gewährung eines Urlaubs in neuerer Zeit durch Tarifverträge, und heute auch durch Tarifordnungen und durch die Tätigkeit der DAF. allgemein üblich geworden ist, wird in der Lehre der Standpunkt vertreten, daß der Anspruch auf Urlaub als stillschweigend in jedem Arbeitsvertrag vereinbart gelten kann, wenn er nicht ausdrücklich ausgeschlossen ist [34]). Diese Meinung, die allerdings in der Rechtsprechung des RArbG. keine Stütze findet, scheint uns durchaus richtig zu sein, wenngleich wir nicht verkennen, daß sie weit über den für den Urlaubsanspruch vom RArbG. grundsätzlich festgelegten Rahmen hinausgeht. Schließlich entspricht aber diese Ansicht, derer wir allerdings in bezug auf die Beurteilung der Frage des Begründetseins eines Urlaubsanspruchs der A im vorliegenden Falle nicht bedürfen, doch ganz sicher der durch die bisherige Übung gesamtvertraglicher Ordnung des Urlaubs entstandenen und entwickelten Anschauung weitester Volkskreise. Auch wird diese Ansicht in jeder Hinsicht den unterschiedlichen Verhältnissen des

---

[31]) Vgl. insbes. RArbG. 8, 106 = JW. 1932, S. 1272 u. RArbG. 4, 65 = JW. 1929, S. 3410.

[32]) Vgl. oben III, 2, b.

[33]) Vgl. RArbG. in JW. 1935, S. 2226.

[34]) Vgl. u. a. Potthoff S. 67.

einzelnen Betriebes gerecht, da der Unternehmer, der glaubt, infolge der Betriebslage seinen Arbeitern und Angestellten einen Urlaub nicht gewähren zu können, es in der Hand hat, einen Anspruch auf Urlaub im Einzelarbeitsvertrag oder durch die Betriebsordnung auszuschließen.

c) Urlaubsanspruch und Urlaubsvergütungsanspruch.

Im Urlaubsanspruch verbinden sich zwei verschiedene Ansprüche, nämlich der auf Entbindung von der Arbeitsleistung und der Anspruch auf Lohn trotz der Freistellung von der Arbeit[35]). Das RArbG. geht davon aus, daß der Urlaub nicht eine Einschränkung von der Arbeitspflicht bedeute, sondern daß der Unternehmer die Pflicht habe, den Urlaub zu gewähren. Die Ansicht der Rechtsprechung geht damit von der personenrechtlichen Auffassung des Arbeitsverhältnisses aus; das Entgelt ist nach ihr deshalb weiterzugewähren, weil trotz Erteilung des Urlaubs die Eingliederung in den Betrieb erhalten bleibt. Dieser Ansicht des höchsten Gerichtshofes wird von Molitor[36]) entgegengetreten, weil der Urlaubsvergütungsanspruch nach dieser Anschauung mindestens dann nicht Lohnanspruch sein könne, wenn der Arbeitsvertrag beendigt und der Lohn gezahlt ist. Deshalb könne man leicht geneigt sein, anzunehmen, als stelle sich der Anspruch auf Urlaubsvergütung in diesem Falle als ein Entschädigungsanspruch für den nicht gewährten Urlaub dar. Demgegenüber sieht aber das RArbG. im Urlaubsvergütungsanspruch eine vertragliche Leistungspflicht, die der Arbeitgeber durch die Vereinbarung der Urlaubsgewährung in seiner Person begründet hat[37]). Der Urlaubsvergütungsanspruch stellt sich also als vertragliche Gegenleistung für die vom Beschäftigten geleistete Arbeit dar. Es ist hier jedoch unbedingt eine sich aus dem Wesen und dem Zweck des Urlaubs ergebende Einschränkung zu machen. Nimmt man mit dem Reichsarbeitsgericht an, daß der Anspruch auf Urlaubsvergütung gegenüber dem Anspruch auf Freizeitgewäh-

[35]) Vgl. RArbG. 3, 130; 3, 274 = JW. 1929, S. 1319; JW. 1932, S. 1256.

[36]) Molitor II., S. 170 ff. u. 215 ff.

[37]) Vgl. JW. 1935, S. 3138.

rung ein selbständiger ist, so käme man bei folgerichtiger Durchführung dieses Gedankens dazu, den Vergütungsanspruch auch dann zu bejahen, wenn der Urlaubsberechtigte auf seinen Urlaub verzichtet, um die Urlaubsvergütung zu erhalten: statt Freizeit also Geld! Dies würde aber ganz und gar dem Zweck des Urlaubs widersprechen, der eben gerade darin besteht, daß der Beschäftigte durch Weiterzahlung des Lohnes instand gesetzt wird, sich nach einer anstrengenden Arbeitsperiode die zur Auffrischung von Körper und Geist häufig dringende Erholung zu gönnen. Man könnte zwar dagegen einwenden, daß dann der Beschäftigte für den Fall sehr schlecht gestellt sei, wenn er das Arbeitsjahr, innerhalb dessen er seinen Urlaub hätte beanspruchen können, ohne diesen Anspruch geltend gemacht zu haben, hat verstreichen lassen. Dieser Einwand schlägt aber schon allein deshalb nicht durch, weil er den ihm zustehenden Urlaubsanspruch in gleicher Weise hätte geltend machen können, wie etwa seinen Lohnanspruch; vom rechtlichen Gesichtspunkt aus ist also nichts gegen eine derartige Beurteilung des Urlaubsanspruchs einzuwenden; es ist ein Anspruch wie jeder andere (schuldrechtliche) Anspruch auch, der, wenn er nicht verjähren soll, geltend gemacht werden muß.

Anders liegt aber der Fall in bezug auf die Urlaubsvergütung selbstverständlich dann, wenn der Anspruch auf Gewährung des Urlaubs noch in dem Zeitpunkt besteht, in dem das Dienst- oder Arbeitsverhältnis beendet wird. Da hier die Gewährung des Urlaubs in Gestalt von bezahlter Freizeit nicht mehr möglich ist, muß man naturgemäß dem Beschäftigten, der aus dem Arbeitsverhältnis ausscheidet, einen Anspruch auf die dem Lohn für die Zeit des ihm zustehenden Urlaubs entsprechende Vergütung gewähren. Der Zweck des Urlaubs ist damit auch nicht im mindesten beeinträchtigt: der aus dem Arbeitsverhältnis Ausgeschiedene sieht sich dadurch instand gesetzt, sich Freizeit und Erholung zu gönnen, bevor er etwa in ein neues Arbeitsverhältnis eintritt.

d) Anwendung der allgemeinen Grundsätze auf den vorliegenden Sachverhalt.

Laut Sachverhalt wurde der A vom dritten Dienstjahr an ein jährlicher Urlaub von acht Arbeitstagen gewährt, ohne daß diesbezüglich eine vertragliche Vereinbarung getroffen worden war. Da andererseits auch nicht unterstellt werden kann, daß ein tariflicher — sei es tarifvertraglicher oder tarifordnungsmäßiger — Anspruch auf Urlaub für die A begründet war, kommt demgemäß lediglich das Entstehen eines solchen Anspruchs auf Grund stillschweigender Vereinbarung in Frage. Ausgehend vom Standpunkt des Reichsarbeitsgerichts [38]), daß durch die jahrelange vorbehaltlose Gewährung der Beschäftigte zu der Annahme berechtigt ist, daß die Gewährung zum Zwecke der Erfüllung einer Verpflichtung und mit dem Versprechen der weiteren Gewährung erfolge, ist für den vorliegenden Fall lediglich noch zu untersuchen, ob man der A einen Anspruch auf Urlaub zubilligen kann, nachdem sie seit ihrem dritten Dienstjahr einen jährlichen Urlaub erhalten hat. Dies ist ganz unzweifelhaft zu bejahen, denn der Umstand, daß sie bereits an drei aufeinanderfolgenden Jahren einen jährlichen Urlaub von gleichbleibender Länge erhalten hat, berechtigte sie unter gewöhnlichen Umständen durchaus zu der Annahme, daß ihr ein solcher Urlaub auch für die Zukunft gewährt werde. Bei der Beurteilung dieser Frage muß naturgemäß, dies bringt schon die für die besonderen Umstände des Einzelfalles Raum lassende grundsätzliche Stellungnahme des Reichsarbeitsgerichts zum Ausdruck, wenn keine außergewöhnlichen Umstände vorliegen, von der Normallage ausgegangen werden. Der Sachverhalt läßt aber auf das Vorliegen besonderer Umstände keinen Schluß zu. Mithin hat die A einen Anspruch auf Urlaub für das Jahr 1935 erworben; das Wirksamwerden ist auch nicht etwa dadurch bedingt, daß sie Ende November, also noch vor Ablauf des Arbeitsjahres, noch in ihrer Stellung ist. Es ist selbstverständlich auch unerheblich, daß sie die Stellung durch schweres eigenes Verschulden eingebüßt hat; dies ergibt sich aus dem oben [39]) im Anschluß an die Rechtsprechung entwickelten Gesichtspunkt, daß die Ur-

[38]) Vgl. oben III, 3, b.
[39]) Vgl. III, 3, c.

laubsgewährung — sofern der Entstehungsgrund des Anspruchs gegeben ist — eine vertragliche Verpflichtung des Unternehmers darstellt. Dieser Urlaubsanspruch, der in der Person der A entstanden ist, wandelt sich gemäß den oben gemachten Ausführungen in einen auf Geldzahlung gerichteten Urlaubsvergütungsanspruch um. Wir haben diese Umwandlung, was wesentlich ist, jedoch nur für den Fall für zulässig erachtet, daß der bereits entstandene Anspruch auf Urlaub deshalb nicht in der Form der Freistellung von der Arbeit gewährt werden kann, weil das Arbeitsverhältnis aus irgendwelchen Gründen vorher beendigt wurde. Dieser Fall ist hier gegeben.

Was die Höhe des von der A geltend gemachten Vergütungsanspruchs angeht, so ist diese nicht zu beanstanden. Die geforderte Summe von 25 *RM* entspricht bei einem Monatsgehalt von 100 *RM* dem für acht Arbeitstage zu zahlenden Lohn. Es ist auch nicht zu bezweifeln, daß die A den Anspruch auf Entgelt des vollen Jahresurlaubs geltend machen kann, denn es ist von Lehre und Rechtsprechung anerkannt, daß der Urlaubsanspruch in der Regel nach einer mindestens halbjährigen Tätigkeit im Betriebe entsteht.

e) Ergebnis.

Der von der A geltend gemachte Urlaubsvergütungsanspruch besteht danach zu Recht.

IV. Die einzelnen Ansprüche des B:

1. Die sich auf Diebstahl gründende Schadensersatzforderung in Höhe von 500 *RM*.

a) Vertragsverletzung.

Zunächst fragt es sich, ob B wegen der gestohlenen 500 *RM* einen vertraglichen Schadensersatzanspruch gegen die A hat. Die Vorschriften über den Dienstvertrag (§§ 611 ff. BGB.) enthalten, außer in § 628 Abs. II BGB., keine besonderen Bestimmungen über die Schadensersatzpflicht bei Vertragsverletzungen. § 628 Abs. II kann jedoch auf den hier in Frage stehenden Ersatzanspruch keine Anwendung finden, da es sich bei dem von B geltend gemachten Schadensersatzanspruch nicht um eine Ersatzforderung wegen eines Schadens handelt, der durch die, infolge vertragswidrigen Verhaltens der A veranlaßte, Kündigung entstanden ist; vielmehr war der Diebstahl, das vertragswidrige Verhalten also, bereits seinerseits das schädigende Ereignis.

In bezug auf eine etwaige vertragliche Schadensersatzpflicht der A haben daher die allgemeinen Vorschriften über Schuldverhältnisse, hier also die §§ 276 ff. BGB. zur Anwendung zu gelangen. Da in den Dienstvertragsbestimmungen der §§ 611 ff. BGB. weiterhin keine besondere Regelung über den Haftungsgrad des Dienstverpflichteten getroffen ist, hat die A hinsichtlich der Erfüllung ihrer Dienstverpflichtung gemäß § 276 BGB. Vorsatz und jede Fahrlässigkeit zu vertreten. In bezug auf den Diebstahl der 500 *RM* kommt lediglich vorsätzliches Handeln der A in Frage. Es kann, da im übrigen auch der Sachverhalt von „Diebstahl" spricht, keinem Zweifel unterliegen, daß die A auch i. S. des § 276 BGB. vorsätzlich gehandelt hat, denn der zivilrechtliche Begriff des Vorsatzes deckt sich, im Unterschied zum Fahrlässigkeitsbegriff, vollkommen mit dem des Strafrechts. Es kann sich nur darum handeln festzustellen, ob in dem Diebstahl eine Verletzung der Vertragsverpflichtungen der A zu erblicken ist. Dazu ist es erforderlich, zunächst noch einmal kurz herauszustellen, welches der Inhalt des Pflichtenkreises des Dienstverpflichteten ist.

Der in einem dauernden Dienstverhältnis (Arbeitsverhältnis) Stehende hat, wie wir das auch bereits für den vorliegenden Sachverhalt bejaht haben, nicht nur die vereinbarten Dienste (hier Inkasso, Führung der Kassenbücher usw.) zu leisten, sondern, wegen der Auffassung des Arbeitsvertrages als eines Treudienstvertrages, darüber hinaus seiner Tätigkeit so nachzukommen, wie es die ihm dem Unternehmer gegenüber obliegende Treuepflicht erfordert. Diese Treuepflicht ist also Inhalt des Arbeitsvertrages; auf „treue" Dienste hat der Unternehmer einen vertraglichen Anspruch. Wird der Dienstberechtigte durch ein treuewidriges Verhalten des Dienstverpflichteten geschädigt, so erlangt er gegen diesen auch notwendig einen vertraglichen Anspruch auf Schadensersatz. Es findet zwar diese

Ansicht, soweit wir das überblicken können, in Lehre und Rechtsprechung keine positive Unterstützung; wir glauben aber aus folgender Überlegung heraus auch bei der Verletzung der sich auf den personenrechtlichen Teil des Dienstvertrages stützenden Treuepflicht, die schuldrechtlichen Vorschriften, insoweit eine Ersatzpflicht in Frage steht, anwenden zu müssen:

Wir nehmen, wie festgestellt, an, daß auch die Treuepflicht eine echte Vertragspflicht ist. Es ist aber kein Grund einzusehen, warum der „Gläubiger" einer solchen vertraglichen „Schuld" schlechter gestellt sein soll, als der Gläubiger eines gewöhnlichen schuldrechtlichen Vertrages[40]); denn schlechter gestellt wäre er wegen der Beweislastlage, wenn er genötigt sein sollte, zur Begründung seines Schadensersatzanspruchs die Vorschriften über die unerlaubte Handlung (§§ 823 ff. BGB.) zur Anwendung zu bringen, wenngleich die Rechtsprechung hinsichtlich der Beweislastverteilung bei Vertragsverletzungen keine einheitliche ist[41]). Da nun in dem Diebstahl der A keine „Unmöglichkeit" der Leistung zu erblicken ist, kommt lediglich das Institut der sogenannten positiven Vertragsverletzung in Frage. Da damit die Vorschriften der §§ 280, 320 ff. BGB. ausscheiden, kommt § 276 BGB. zum Zuge, der nach Ansicht des Reichsgerichts eine allgemeine Pflicht zum Schadensersatz wegen jeder schuldhaften Vertragsverletzung begründet[42]).

B hat also gegen die A aus § 276 BGB. einen Schadensersatzanspruch aus schuldhafter Vertragsverletzung, dessen Umfang sich nach Maßgabe der Vorschriften der §§ 249 ff. BGB. bestimmt.

b) Unerlaubte Handlung:

α) § 823 Abs. I BGB.

Zunächst ist zu prüfen, ob sich eine Schadensersatzpflicht der A auf § 823 Abs. I BGB. gründen kann. Diese Ge-

---

40) Vgl. u. a. oben I, 2 a. E. u. d. d. angegebene Literatur.

41) Vgl. etwa RGZ. 95, 116 einerseits u. RGZ. 97, 116 andererseits: prima facie-Beweis.

42) Vgl. u. a. d. grundl. Entsch. d. RGZ. 106, 22 u. RGZ. 54, 98; 57, 105.

setzesbestimmung setzt voraus, daß jemand ein absolutes Recht eines anderen schuldhaft und rechtswidrig verletzt und daß dadurch ein Schaden entsteht. Als absolutes Recht kommt hier das Eigentum in Frage. Es ist aus dem Sachverhalt zu entnehmen, daß B Eigentümer der von der A gestohlenen 500 *RM* war. Die von § 823 Abs. I verlangte Rechtsverletzung ist also gegeben, ein Schaden in Höhe von 500 *RM* unbestritten eingetreten. Da die A auch vorsätzlich gehandelt hat[43]) und ihr ein Rechtfertigungsgrund nicht zur Seite steht, ist die Anwendbarkeit des § 823 Abs. I BGB. als Schadensersatzgrundlage unzweifelhaft zu bejahen.

β) § 823 Abs. II BGB.

Ein Schadensersatzanspruch des B läßt sich auch auf § 823 Abs. II, S. 1 BGB. stützen. Diese Bestimmung setzt voraus, daß gegen ein den Schutz eines anderen bezweckendes Gesetz verstoßen wird und daß er dabei, dies ergibt sich aus S. 2, schuldhaft (§ 276 BGB. vorsätzlich oder fahrlässig) gehandelt hat. Ein Schutzgesetz i. S. des § 823 Abs. II BGB. ist nur ein solches Gesetz, das nicht lediglich im Interesse der Gesamtheit, sondern wenigstens a u c h im Interesse des einzelnen erlassen ist[44]). Dies ist, wenngleich vom Reichsgericht noch nicht ausdrücklich entschieden, auch für den Deliktstatbestand des § 242 StGB. zu bejahen.

γ) § 826 BGB.

Schließlich läßt sich auch noch ein Schadensersatzanspruch des B aus § 826 BGB. herleiten, welche Vorschrift nicht etwa durch die ebenfalls den Schadensersatzanspruch stützende Norm des § 823 BGB. ausgeschlossen ist[45]). In dem Diebstahl der 500 *RM* liegt ganz ohne Zweifel ein gegen die guten Sitten verstoßendes Verhalten der A; nach Ansicht von Lehre und Rechtsprechung verstößt gegen die guten Sitten alles, was dem Anstandsgefühl aller billig und gerecht denkenden Volksgenossen widerspricht[46]).

---

[43]) Vgl. oben, V, 1, a.
[44]) So: RGZ. 79, 85.
[45]) Vgl. u. a. RGZ. 101, 1 u. 58, 214.
[46]) Vgl. u. a. RGZ. 98, 79.

δ) Verhältnis der verschiedenen Ansprüche aus unerlaubter Handlung zueinander.

Nach heute fast einmütiger Ansicht handelt es sich, wenn sich eine Schadensersatzpflicht aus § 823 und § 826 BGB. herleiten läßt, um einen Fall der sogenannten Anspruchskonkurrenz, d. h. der Verletzte kann seinen Anspruch sowohl auf die eine als auch auf die andere Bestimmung stützen, er kann aber auch beide Bestimmungen zur Begründung seines Schadensersatzanspruches heranziehen, erhält selbstverständlich jedoch nur einmal Schadensersatz zugesprochen, da er ja auch nur einen Schaden erlitten hat[47]).

c) Verhältnis des Vertragsanspruchs zu den Ansprüchen aus unerlaubter Handlung.

Hier gilt das gleiche wie zu IV, 1, b, δ ausgeführt.

2. Die sich auf fahrlässige Sachbeschädigung gründende Schadensersatzforderung in Höhe von 60 *RM*.

a) Vertragsverletzung.

Auch in Ansehung der fahrlässigen Beschädigung der Registrierkasse vermag B seinen Anspruch auf Vertragsverletzung (§§ 611 ff., 276 BGB.) zu stützen. Aus dem Dienstvertrag ergab sich für die A die Verpflichtung, bei der Bedienung der Registrierkasse, die ihr zur Erfüllung ihrer Dienstleistungspflicht als Kassiererin zur Verfügung stand, jegliche Sorgfalt in bezug auf die Behandlung der Maschine obwalten zu lassen. Durch die Außerachtlassung der im Verkehr erforderlichen Sorgfalt (§ 276 BGB.) hat sie demgemäß schuldhaft ihre Vertragsverpflichtungen verletzt und B könnte aus im wesentlichen gleichen Gesichtspunkten wie sie oben[48]) niedergelegt wurden, einen vertraglichen Schadensersatzanspruch, dessen Umfang sich nach den §§ 249 ff. BGB. richtet, geltend machen.

b) Unerlaubte Handlung:

α) § 823 Abs. I BGB.

---

[47]) Vgl. Ennneccerus, Recht der Schuldverhältnisse, 1928, § 449, Abs. II u. RGZ. 88, 435.

[48]) IV, 1, a, vorletzter Absatz a. E.

Der Schadensersatzanspruch des B läßt sich auch auf § 823 Abs. I BGB. stützen, denn die A hat — laut Sachverhalt — fahrlässig (§ 276 BGB.) die Beschädigung der Registrierkasse, die im Eigentum des B stand, herbeigeführt. Der Umfang der Schadensersatzpflicht bestimmt sich auch hier nach Maßgabe der §§ 249 ff. BGB.

β) § 823 Abs. II BGB.

Da ein Schutzgesetz durch die bloß fahrlässige Handlung der A nicht verletzt wurde, entfällt ein Anspruch aus dem Gesichtspunkt des § 823 Abs. II.

γ) § 826 BGB.

Ein Anspruch aus dieser Bestimmung entfällt mangels vorsätzlichen Handelns.

c) Verhältnis des Vertragsanspruchs zu dem Anspruch aus unerlaubter Handlung.

Hier gilt dasselbe wie zu IV, 1, c ausgeführt.

V. Die Aufrechenbarkeit:

1. des sich auf Diebstahl gründenden Anspruchs:

a) gegen den Lohnanspruch.

Wir haben oben[49]) festgestellt, daß die A einen Lohnanspruch in Höhe von 90 *RM* und einen Urlaubsvergütungsanspruch in Höhe von 25 *RM*, insgesamt also einen Anspruch in Höhe von 115 *RM* gegen B hat. Diesem Anspruch steht zunächst der sich auf Vertragsverletzung und unerlaubte Handlung stützende Schadensersatzanspruch des B in Höhe von 500 *RM* gegenüber.

Gemäß § 387 BGB. können zwei Personen, die einander Leistungen schulden, die ihrem Gegenstand nach gleichartig sind, Fälligkeit vorausgesetzt, das Schuldverhältnis dadurch zum Erlöschen bringen, daß jeder Teil ohne Rücksicht auf den anderen, seine Forderung gegen die Forderung des anderen Teils aufrechnet. Diese Voraussetzungen sind an sich im vorliegenden Falle gegeben, denn die der A und dem B gegeneinander zustehenden Forderungen sind Geldforderungen, so daß die Gleichartigkeit gegeben ist; außerdem

[49]) III, 1 u. 3.

sind die Forderungen fällig. Jedoch scheint es an dem Erfordernis des § 394 BGB., der Aufrechenbarkeit, zu fehlen, da gegen eine der Pfändung nicht unterworfene Forderung nicht aufgerechnet werden kann. Der der A zustehende Lohnanspruch ist, da er die Grenze von monatlich 150 *RM* nicht überschreitet, gemäß § 850 b ZPO. unpfändbar. Es würde aber dem Grundsatz von Treu und Glauben auf das Schroffste widersprechen, wollte man dem B zumuten, die Lohnforderung der A durch tatsächliche Zahlung des geforderten Betrages von 90 *RM* zu befriedigen, nachdem er gegen die A einen Anspruch in Höhe von 500 *RM* aus vorsätzlich begangener unerlaubter Handlung hat. Diesem Gesichtspunkt hat auch die Rechtsprechung Rechnung getragen, indem sie in diesen Fällen die Anwendung des § 394 BGB. durch die allgemeine Einrede der Arglist ausschließen läßt. So hat das Reichsgericht[50]) u. a. entschieden: „Wer das Dienstverhältnis zu vorsätzlicher strafbarer Schädigung des Dienstherrn mißbraucht hat, muß es sich .... nach den Geboten der Billigkeit und des richtigen Rechts gefallen lassen, daß die ‚formell' erwachsene und bestehende Lohnforderung durch Schadensersatz-Gegenforderungen ausgestrichen wird; er darf nicht beanspruchen, den nötigen Lebensunterhalt aus der Hand dessen zu erhalten, den er derart geschädigt hat." Das Reichsgericht hebt des weiteren überdies hervor, daß die allgemeine Einrede der Arglist auch schon begründet sein „könne" durch unerlaubte Handlungen, die der Bedienstete gegen den Dienstherrn im Arbeits- oder Dienstverhältnis vorsätzlich begangen hat, selbst wenn sie nicht strafbar sind. Dieser Ansicht des Reichsgerichts kommt unter dem neuen, das Arbeitsverhältnis beherrschenden Treuegedanken naturgemäß eine erhöhte Bedeutung zu.

Mithin könnte B, trotz des § 394 BGB. mit seiner Schadensersatzforderung aus vorsätzlich begangener unerlaubter Handlung in Höhe von 500 *RM* gegen den Lohnanspruch in Höhe von 90 *RM* aufrechnen und diesen damit gemäß § 389 in voller Höhe zum Erlöschen bringen.

---

[50]) Vgl. RGZ. 85, 108.

b) gegen den Urlaubsvergütungsanspruch.

Aus dem gleichen Grund muß B aber auch aufrechnen können gegen den Urlaubsvergütungsanspruch der A in Höhe von 25 RM, denn es ist oben[51]) festgestellt worden, daß auch der Urlaubs- bzw. Urlaubsvergütungsanspruch nichts anderes ist, als ein Teil des Lohnanspruchs.

2. des sich auf fahrlässige Sachbeschädigung gründenden Schadensersatzanspruchs.

Da die Aufrechnungsmöglichkeit mit dem Schadensersatzanspruch wegen Diebstahls in Höhe von 500 RM bereits die beiden Ansprüche der A durch die von B geltend gemachte Aufrechnungseinrede (§§ 388, 389 BGB.) zum Erlöschen bringt, ist es an sich für die Rechtsposition des B unerheblich, ob er auch noch seinen auf fahrlässige Sachbeschädigung (§§ 823, 276 BGB.) beruhenden Ersatzanspruch in Höhe von 60 RM zur Aufrechnung bringen kann. Nichtsdestoweniger muß, da er auch diesen Anspruch zur Aufrechnung stellt, auch auf diese Frage eingegangen werden, auch schon wegen der Bestimmungen der §§ 396, 366 Abs. II BGB., § 322 Abs. II ZPO.

Es ergibt sich bereits aus dem oben[52]) Ausgeführten, daß eine Aufrechnung mit einer sich auf bloß fahrlässige Sachbeschädigung gründenden Schadensersatzforderung wegen der Bestimmung des § 394 i. V. m. § 850 b ZPO. nicht möglich ist. Es ist auch nicht angängig, dem Aufrechnenden, gegenüber dem Einwand aus § 394 BGB., die allgemeine Arglisteinrede zuzugestehen, zumal die Lohnschutzbestimmungen dem auf unsichere Lohnzahlungen angewiesenen und damit in einem starken sozialen Abhängigkeitsverhältnis stehenden Dienstverpflichteten zugute kommen sollen, also den sozialpolitischen Zweck verfolgen, den auf den Lohnempfang Angewiesenen vor Entbehrungen und vor der Nötigung, die öffentliche Wohlfahrtspflege in Anspruch nehmen zu müssen, schützen sollen.

---

51) III, 3.
52) V, 1.

3. Die Aufrechnung im Prozeß.

Die Aufrechnung des § 387 BGB. kann sowohl außerhalb als auch innerhalb eines Prozesses erklärt werden. Es sind jedoch zwei verschieden zu behandelnde Fälle zu unterscheiden: einmal kann der Aufrechnungsberechtigte oder sein Prozeßbevollmächtigter die Aufrechnungserklärung überhaupt erst und erstmalig einredeweise im Prozeß geltend machen; andererseits kann er sie aber auch dem Kläger gegenüber bereits vorher — oder wenigstens überhaupt außerhalb des Prozesses — geltend gemacht haben und sich nunmehr im Prozeß nur darauf berufen, daß er bereits aufgerechnet habe. Im ersten Falle liegt eine gewöhnliche materiellrechtliche Aufrechnung vor, deren Wirkung sich nach Maßgabe der §§ 387 ff. BGB. richten; es spielt also die Tatsache, daß innerhalb einer prozessualen Verfahrens aufgerechnet wird, überhaupt keine Rolle. Beruft sich jedoch der Beklagte im Prozeß darauf, daß er bereits aufgerechnet habe, so macht er damit geltend, daß die Forderung nicht mehr bestehe; in diesem Falle haben wir es nicht mit einer materiellrechtlichen Willenserklärung, sondern mit einer Prozeßhandlung zu tun[53]).

Nach den Angaben des Sachverhalts kann es sich bei der von B im Prozeß geltend gemachten Aufrechnung nur um die Aufrechnungseinrede, also um die materiellrechtliche Willenserklärung der Aufrechnung handeln (§§ 387 ff. BGB.), d. h. B beruft sich nicht darauf, daß er vor oder während des Prozesses (aber außerhalb desselben) die Forderungen der A bereits durch Aufrechnung zum Erlöschen gebracht habe, sondern er will — für den Fall, daß der Richter die Forderungen der A als zu Recht bestehend anerkennen sollte[54]) — durch die Aufrechnungserklärung nunmehr erst die Forderungen der A zum Erlöschen bringen.

Da wir oben[55]) festgestellt haben, daß der A tatsächlich zwei Forderungen von insgesamt 115 RM zustehen, anderer-

[53]) Vgl. u. a. Rosenberg, Lb. d. ZivilprR. § 104, I.
[54]) Vgl. darüber unten V, 4.
[55]) III, 1 u. 3.

seits aber auch die Aufrechenbarkeit der sich auf Diebstahl gründenden Schadensersatzforderung des B bejaht haben, kann B durch die im Prozeß erklärte Aufrechnung die Ansprüche der A zum Erlöschen bringen. Es fragt sich jedoch, ob die Aufrechnungserklärung, so wie sie B im Prozeß abgibt, nicht aus dem Gesichtspunkt des § 388 S. 2 BGB. unwirksam ist.

4. Die Eventualaufrechnung.

Gemäß § 388 S. 2 BGB. ist eine Aufrechnungserklärung unwirksam, wenn sie unter einer Bedingung abgegeben wird. Es ist daher zu untersuchen, ob darin, daß B die Aufrechnung nur für den Fall erklärt, daß der Richter die Klageforderung für bestehend erachten sollte, die Beifügung einer mit dieser Erklärung unverträglichen Bedingung zu erblicken ist (§§ 158 ff. BGB.). Dies ist zu verneinen. Ein bedingtes Rechtsgeschäft liegt nur dann vor, wenn das Wirksamwerden (§ 158 Abs. I) oder das Unwirksamwerden (§ 158 Abs. II) des Rechtsgeschäftes an den Eintritt eines ungewissen, in der Zukunft liegenden Ereignisses geknüpft wird. Hier wird die Aufrechnung jedoch lediglich für den Fall geltend gemacht, daß der Richter feststelle, ob die von der A behaupteten und prozessual geltend gemachten Ansprüche überhaupt bestehen. Die Aufrechnungserklärung hängt also nicht von einem künftigen ungewissen Ereignis, sondern von dem Bestehen der Klageforderung ab, also von einer objektiven, gewissen und gegenwärtigen Tatsache; diese — auch einzig vertretbare — Meinung ist die der herrschenden Lehre und des Reichsgerichts[56]). Ganz davon abgesehen aber ergibt sich notwendig die Zulässigkeit einer solchen sog. Eventualaufrechnung schon aus dem Gesichtspunkt heraus, daß die Aufrechnung naturgemäß nur dann einen Sinn hat, wenn wirklich eine Gegenforderung besteht.

Damit sind die von der A geltend gemachten Ansprüche in Höhe von insgesamt 115 *RM* zum Erlöschen gebracht worden.

---

[56]) Vgl. u. a. die grundl. Entsch. RGZ. 97, 273.

B. Die zweite Frage:

I. Die Zuständigkeit des Arbeitsgerichts:

1. für die Ansprüche der A.

Gemäß § 2 Abs. I Ziff. 1 ArbGG. sind die Arbeitsgerichte unter Ausschluß der ordentlichen Gerichte für bürgerliche Rechtsstreitigkeiten zwischen Unternehmern und Beschäftigten zuständig, sofern es sich um Rechtsstreitigkeiten aus dem Arbeitsverhältnis handelt. In diesen Fällen besteht demgemäß eine ausschließliche Gerichtsbarkeit; die Vorschrift ist zwingend, da sie öffentlich-rechtlicher Natur ist. Es finden auf das Verfahren vor den Arbeitsgerichten grundsätzlich alle Vorschriften der ZPO., die das Verfahren vor den Amtsgerichten betreffen, Anwendung [57]).

Im vorliegenden Falle ist die Zuständigkeit des Arbeitsgerichts für die Ansprüche der A gegeben. Zunächst muß es sich um Ansprüche aus einem Arbeitsverhältnis handeln; der Begriff des Arbeitsverhältnisses wurde bereits oben behandelt und für den vorliegenden Fall bejaht. Er richtet sich demgemäß nach den vom AOG. aufgestellten Grundsätzen und erfordert, daß ein persönlich und wirtschaftlich vom Unternehmer abhängiger Beschäftigter eine unselbständige Tätigkeit auszuüben hat [58]).

Die von der A geltend gemachten Ansprüche, also sowohl der Lohn- als auch der Urlaubsvergütungsanspruch, sind unbestritten Ansprüche „aus dem Arbeitsverhältnis" i. S. des § 2 Abs. I Ziff. 1 ArbGG.

2. für die zur Aufrechnung gestellten Gegenansprüche des B.

Unter B, I, 1 wurde bereits festgestellt, daß auf das Verfahren vor den Arbeitsgerichten grundsätzlich alle Vorschriften der ZPO. über das Verfahren vor den Amtsgerichten zur Anwendung gelangen. Damit ist aber auch die Möglichkeit der Aufrechnung, die in jedem zivilprozessualen Verfahren besteht, für den vorliegenden arbeitsgerichtlichen Prozeß zu bejahen [59]), was auch von keiner Seite bestritten wird.

---

[57]) Vgl. u. a. RGZ. 133, 369.
[58]) So u. a. RArbG. BenshS. 13, 311.
[59]) Vgl. u. a. RGZ. 144, 118.

Es gelten demgemäß für die Prozeßaufrechnung die oben[60]) gemachten Ausführungen unbeschränkt auch für das Verfahren vor den Arbeitsgerichten.

Ergänzend ist lediglich hinzuzufügen, daß der Richter, trotzdem B mit einer unbestrittenen und aufrechenbaren Gegenforderung in Höhe von 500 *RM* aufrechnet, die Klage der A nicht ohne weiteres abweisen darf, sondern erst feststellen muß, ob die Klageforderung überhaupt besteht. Dies ergibt sich schon aus dem Wesen der Eventualaufrechnung, die ja nur für den Fall geltend gemacht wird, daß der Richter die Klageforderung überhaupt für begründet erachten sollte, außerdem aber aus den von der sog. Beweiserhebungstheorie entwickelten Gesichtspunkten. Das Gericht muß also zunächst die von B (wie festgestellt teilweise zu Unrecht) bestrittene Klageforderung feststellen[61]). Nur dann darf sofort, also ohne Feststellung der Klageforderung, zur Klageabweisung wegen Durchdringens der Aufrechnung (§ 389 BGB.) geschritten werden, wenn der Beklagte erklärt, er wolle für den Fall, daß er mit seiner vom Kläger unbestrittenen Gegenforderung durchdringe, die Klageforderung unbestritten lassen[62]). Die Richtigkeit dieses Grundsatzes ergibt sich aus der einfachen Überlegung, daß, wollte man für den Fall, daß im Prozeß eine unbestrittene Gegenforderung zur Aufrechnung gestellt wird, ohne Prüfung des Bestehens der Klageforderung diese wegen § 389 BGB. zur Abweisung bringen, die Folge eintreten würde, daß gegenüber einer in Wahrheit nicht bestehenden Klageforderung „aufgerechnet" werden könnte. Damit würde in Höhe des zur Aufrechnung gestellten Betrages die Forderung des Beklagten scheinbar erlöschen, während in Wahrheit die in §§ 387 ff. BGB. geforderten Voraussetzungen überhaupt nicht gegeben waren. Würde also in einem späteren Prozeß, den der im Erstprozeß Beklagte gegen den Kläger des Erstprozesses wegen der „aufgerechneten" Forderung anstrengt, der Beklagte einwenden, daß der Kläger mit dieser Forde-

---

60) A, V, 3, 4.
61) RGZ. 80, 164.
62) RGZ. 42, 320.

rung bereits in dem früheren Prozeß aufgerechnet habe, daß also die Forderung des Klägers überhaupt nicht mehr bestehe, so müßte der Kläger nunmehr, da er den vom Beklagten vorgebrachten Einwand, er habe mit dieser Forderung bereits aufgerechnet, nicht bestreiten kann, den Nachweis führen, daß die Voraussetzungen des § 389 BGB. nicht gegeben waren. Um unnötigen neuen Prozessen vorzubeugen, ist also der Beweiserhebungstheorie in vollem Umfange zuzustimmen, so daß der Richter in vorliegendem Fall zunächst zu den oben [63]) festgestellten Ergebnissen gelangen muß.

II. Das Urteil.

Form und Inhalt des arbeitsgerichtlichen Urteils richten sich zunächst nach § 313 ZPO., der von § 61 ArbGG. lediglich ergänzt wird. Demgemäß müßte nach den getroffenen materiellrechtlichen Feststellungen das arbeitsgerichtliche Urteil für den vorliegenden Sachverhalt folgendermaßen (skizziert!) aussehen:

Im Namen des Deutschen Volkes!
Das Arbeitsgericht X-stadt
Allgemeine Kammer
erläßt
in Sachen

der kaufmännischen Angestellten A, wohnhaft in Y-dorf, Hochstraße 5, vertreten durch den Rechtsberater Dr. Ernst Mühlhof, hier, Tiefstraße 10, Klagepartei

gegen

B, den Inhaber des Warenhauses „Allkauf“, hier, Mohnstraße 20, vertreten durch Rechtsanwalt Karl Semmler, hier, Salzstraße 2, beklagte Partei

wegen Forderung über 225 Reichsmark

auf Grund der in öffentlicher Sitzung vom 25. Januar 1936 gepflogenen mündlichen Verhandlung, wobei zugegen waren:
1. Amtsgerichtsrat Peter Schubert ..... als Vorsitzender,

[63]) A. III, 1, 2, 3.

2. die Arbeitsrichter: a) Hans Bauer } als Beisitzer
b) Fritz Meier }

folgendes

Urteil

I. Die Klägerin wird mit ihrer Klage kostenfällig abgewiesen. Die Kosten betragen 6.75 *RM.*

II. Der Streitwert beträgt 225 *RM.*

III. Tatbestand und Gründe:

Die A war seit sechs Jahren im Warenhaus des B als Kassiererin beschäftigt und bezog ein vertraglich vereinbartes Gehalt von 100 *RM.* Sie wurde am 27. Nov. 1935 wegen eines Diebstahls an ihrem Dienstherrn B von diesem fristlos entlassen (§ 626 BGB., § 70 HGB.). Ihr Lohnanspruch ist gem. § 628 BGB. lediglich in Höhe von 90 *RM* entstanden (30 : 100 = 27 : x; x = 90).

Sie erhielt von ihrem ersten Dienstjahr an eine Weihnachtsvergütung in Höhe eines Monatsgehalts. Ihr hierauf erhobener Anspruch für das Jahr 1935 ist unbegründet, da das Arbeitsverhältnis infolge eigenen Verschuldens der A zum Zeitpunkt der Fälligkeit des Anspruchs (Weihnachten 1935) nicht mehr bestand. Der Anspruch auf Weihnachtsgratifikation wäre ansonsten entstanden, da sie durch die jahrelange vorbehaltlose Gewährung der Gratifikation durchaus damit rechnen konnte, daß B durch die Zahlung der Gratifikation eine Vertragspflicht erfüllen und daß er sich auch für die Zukunft für die Gratifikationsgewährung verpflichten wollte.

Ihr Anspruch auf die Urlaubsvergütung in Höhe von 25 *RM* ist dagegen begründet. Sie bezog seit ihrem dritten Dienstjahr einen jährlichen Urlaub von acht Arbeitstagen. Auch ohne daß eine vertragliche Vereinbarung bestand, hat sie durch die mehrjährige vorbehaltlose Gewährung des Urlaubs einen vertraglichen Anspruch darauf erworben, der, nachdem sie erst Ende November 1935 entlassen wurde, auch bereits in voller Höhe fällig geworden war. Der Urlaubsanspruch geht, da er wegen Beendigung des Arbeitsverhältnisses nicht mehr durch Freistellung von der Arbeit erfüllt werden kann, auf Zahlung einer, einer achttägigen Arbeitsleistung entsprechenden Vergütung, damit also auf die von der A geforderten Summe von 25 *RM*.

Die Aufrechnungseinrede des B, insoweit er sie auf den durch Vertragsverletzung (§§ 611 ff., 276 BGB.) bzw. auf unerlaubte Handlung (§§ 823 Abs. I und Abs. II, 826 BGB.) entstandenen und unbestrittenen Schadensersatzanspruch in Höhe von 500 *RM* stützt, ist begründet (§§ 387 ff. BGB.). Dadurch bringt er die beiden Ansprüche der A in Höhe von 90 *RM* und 25 *RM* zum Erlöschen (§ 389 BGB.). Das in § 394 festgelegte Aufrechnungsverbot gegen unpfändbare Lohnansprüche wäre an sich gegenüber dem Lohn- bzw. Urlaubsvergütungsanspruch der A gemäß § 850 b ZPO. gegeben. Ihm steht jedoch die nach ständiger Rechtsprechung des Reichsgerichts für begründet zu erachtende und von B geltend gemachte Einrede der Arglist entgegen. Die Klageforderungen der A mußten daher als unbegründet zur Abweisung gebracht und der A auch die Kosten des Verfahrens (gem. §§ 91 ff. GKG.) auferlegt werden. Insoweit B seine Aufrechnungseinrede auf seinen unbestrittenen Schadensersatzanspruch wegen fahrlässiger Sachbeschädigung (§ 823 Abs. I BGB.) stützt, war diese gem. § 394 BGB. unbegründet.

IV. Die Streitwertfestsetzung entsprach den §§ 3 ff. ZPO., § 61 ArbGG.

V. Die Zuständigkeit des Gerichts ist gem. § 2 Abs. I Ziff. 1 ArbGG. gegeben.

Verkündet am 25. Januar 1936.

Schubert, Vorsitzender
Bauer, Beisitzender
Meier, Beisitzender.

FSC
www.fsc.org
MIX
Papier | Fördert gute Waldnutzung
FSC® C083411

Kolibri 360 GmbH
Ferdinand-Jühlke-Straße 7
99095 Erfurt, Deutschland
produktsicherheit@kolibri360.de